W0327145

Nikolaus Blome

ANGELA MERKEL – DIE ZAUDERKÜNSTLERIN

Pantheon

Das für dieses Buch verwendete Papier
Lux Cream liefert Stora Enso, Finnland.

Der Pantheon Verlag ist ein Unternehmen der Verlagsgruppe
Random House GmbH

Erste Auflage
April 2013

Copyright © 2013 by Pantheon Verlag, München,
in der Verlagsgruppe Random House GmbH
Umschlaggestaltung: Büro Jorge Schmidt, München
Satz: Ditta Ahmadi, Berlin
Druck und Bindung: CPI – Clausen & Bosse, Leck
Printed in Germany
ISBN 978-3-570-55201-8

www.pantheon-verlag.de

Für Karola

Inhalt

Noch ein Merkel-Buch?

Ein Buch über Angela Merkel? Noch eins? Aber bitte schön, könnte man antworten, das ist ja wohl unvermeidlich. Immerhin ist die Dame die deutsche Bundeskanzlerin, stellt sich im Herbst 2013 nach acht Jahren im Amt wieder zur Wahl, regiert die Republik womöglich noch einmal vier Jahre lang. Ehrlich, da ist schon deutlich Dünneres zwischen zwei Buchdeckel gepackt worden. Andererseits: Seit ihrem politischen Beginn zur Wendezeit entstanden über Angela Merkel eine lange Reihe von Analysen, Porträts, Nahaufnahmen. Und es stimmt: Wiederholungen gefallen nicht. Dass Verlage an Autoren herantreten und sagen: »Machen Sie mal, Sie kennen die Kanzlerin doch«, wird keinem Leser reichen. So denken halt Verlage (und Autoren selbstverständlich auch).

Was für einen Grund gibt es dann? Die Antwort ist: Es gibt nicht den *einen* Grund. Es gibt viele. So viele, wie es offene Fragen gibt. Und »Angela Merkel« ist in Wahrheit ein anderes Wort für »offene Fragen«.

Denn das wertungsfrei Faszinierende, das Geheimnisvolle an dieser Frau ist: Dass man immer noch nicht schlau wird aus ihr, auch nach Jahren auf dem Präsentierteller im Kanzleramt nicht. Dass es gerade auf die (vermeintlich) einfachen Fragen keine wirklich befriedigende Antwort zu geben scheint, die man mit dem Weinglas in der Hand auf einer Party lässig zum Besten geben könnte – und alle Umstehenden nicken beeindruckt: Ah, so ist das, na klar. Dabei mangelt es nicht an Groß-Thesen. Allein der *Spiegel* hat die meisten schon einmal durch: »Kanzlerin ohne Volk«, »Die halbe Kanzlerin«, »Die Herrin auf Schloss Ungefähr«, »Angela Mutlos«. Wohl wahr, die Kollegen hatten es nicht leicht in den Jahren, wo alle sechs Monate eine neue These hermusste, ein neuer General-Schlüssel zum Enigma namens Angela.

Wer aber ständig nach einer Erklärung sucht, die noch origineller ist als die vorhergehende, der verliert den Blick für den geraden Weg ins Ziel. Der geht so: Der rote Faden von Angela Merkels Regieren ist – das Regieren. Was sie macht, wie, wann oder warum, das lässt sich in wenigen Sätzen zusammenfassen: Diese Kanzlerin kann Krise. Kreativ kann sie nicht. Das Operative beherrscht sie wie keine zweite. Beim Programmatischen ist sie zweite Wahl. Ihre politische Marke kristallisiert sich nicht an ihren politischen Vorstellungen, sondern an ihrem politischen Vorgehen. Deshalb nennen sie die einen präsidial und die anderen opportunistisch. Und deshalb ist sie so beliebt.

»Es ist nicht leicht, Angela Merkel zu charakterisieren«, schrieb einmal der Schweizer Thesen-Publizist Roger Köppel kleinlaut über die Kanzlerin. »Es fehlt das Archetypische. Man wüsste nicht, welche Rolle ihr in einem Shakespeare-Drama zukäme.« Wirklich? Ich meine: Angela Merkel ist eine Zauder-Künstlerin. Sie hat eine eigentlich negativ besetzte Charaktereigenschaft, das Zaudern, zur regierungsamtlichen Stilform gemacht wie keiner ihrer Vorgänger. Das hat im Alltag nicht selten einen Preis, aber den zahlt sie. Sie hat ihre persönliche Eigenart zu einer politischen Kunstfertigkeit entwickelt, die vielen Deutschen offenbar eingeht und behagt – den gar nicht kleinen Rest aber enttäuscht oder blutrot empört. Das sollte für eine Shakespeare-Rolle reichen.

Wie zum Beweis hat auch nicht Angela Merkel das Thema ihrer Kanzlerschaft gefunden. Das Thema hat sie gefunden: der Euro und seine Rettung; Europa und der Neubau; Deutschland und die neue Rolle, die es darin spielen will – oder muss. Eher Leitplanken als ferne Leuchttürme weisen ihr dabei den Weg. Und wenn Politik notwendigerweise eine Menge von »trial and error« hat, dann ist Angela Merkel die Allerletzte, die damit hadert. Versuch und Irrtum hat sie als Physikerin verinnerlicht, ebenso wie die simple Regel, dass das Labor hinterher nicht komplett in Trümmern liegen darf, wenn ein Versuch daneben geht. Das beschreibt exakt ihr Vorgehen in der Euro-Krise: »Jeder einzelne Schritt muss in seinen Folgen beherrschbar bleiben«, sagt sie. Und zwar gerade dann, wenn er der falsche war.

Von Herfried Münkler stammt ein Aufsatz, der Angela Merkel tief beeindruckt hat. Darin unterscheidet Münkler zwischen »Optimum« und »Maximum« und stellt die Frage, woran Politiker oder ihr Handeln sinnvollerweise zu messen seien: Am Maximum, also daran, ob ein gesetztes, objektiv wünschenswertes Ziel zu hundert Prozent erreicht wird? Oder am Optimum, also daran, wie viel vom Möglichen ein Politiker im Rahmen der vorgefundenen Gegebenheiten erreicht? Und es beschreibt Angela Merkel präzise, dass sie wohl diejenige deutsche Spitzenpolitikerin ist, deren Werte bei Optimum und Maximum am weitesten auseinanderklaffen. Sie ist die Kanzlerin des Optimums, Topnote. Sie ist nicht die Politikerin des Maximums, darin nur schwacher Durchschnitt.

Henry Kissinger sagte schon sehr früh über Angela Merkel, sie sei »der perfekte Ausdruck ihrer Zeit«. Was so viel heißt wie: In einer komplizierten Welt, die jeden Tag komplizierter wird, gibt es weder »Projekt« noch politische Vision, mit der die Kanzlerin zu entschlüsseln wäre. Nein, es ist das Agieren, seit fast acht Jahren das Regieren, das sie entschlüsselt; die Praxis, nicht das Programm. Deshalb stimmt: Sie könnte seit mehr als 20 Jahren, es hätte nur einiger kleiner Wendezeit-Zufälle bedurft, auch in der SPD sein. Dann sähe die SPD heute freilich ganz anders aus. So ganz anders wie die heutige CDU im Vergleich zur CDU von 1990.

Es geht also um die mächtigste deutsche Politikerin der Nachkriegszeit – die aber instinktiv alles vermeidet, was große Thesen nährt, weil sie große Thesen für eine verkopfte, tendenziell überflüssige Kunstform hält. Erst recht nach mehr als vier Jahren Regieren im Krisen-Modus hat sie eine wirklich radikale Abneigung gegen alle pauschal abgefassten, thesenartigen Erklärungen, mit denen Außenstehende das Handeln von Politikern traktieren. Zu viel davon ist Zufall, findet sie, zu viel kommt aus der Lage, nicht aus den Lehrbüchern. Wer Angela Merkel verstehen will, muss sie also beim Machen verfolgen, nicht beim Philosophieren. Und da ist viel bislang Unbeobachtetes zu beschreiben.

Es hat etwas massiv Frustrierendes, dass selbst polit-professionelle Nahe- und Drumherumsteher, wie es Hauptstadt-Journalisten nun einmal sind, beim Party-Geplänkel nicht uneingeschränkt herausragen wie die Leuchttürme – und die übrigen Gäste entsprechend ehrfürchtig zuhören. Denn es sind leider die einfachen Fragen zu Angela Merkel, zu denen die abschließenden Antworten fehlen. Es sind ausgerechnet die vermeintlich leichten Fragen, wie zum Beispiel: Wie ist sie eigentlich so, persönlich und privat? Was macht sie, wenn sie wütend ist? Was will sie wirklich, außer an der Macht bleiben? Sagt sie manchmal »Scheiße« oder schwitzt sie, wenn sie nervös ist? Hat sie nun einen inneren Überzeugungs-Kompass, oder hat sie keinen? Kriegt sie manchmal richtiggehend Angst oder knibbelt sie sogar an den Fingern, wenn keiner zuguckt? Und, ganz wichtig, hat sie nun ein »Problem mit Männern« – oder ist das einfach nur die Sorte Quatsch, den Männer gern erzählen, wenn sie gegenüber einer Frau nicht mehr weiterwissen?

Wo muss man nach den Antworten suchen? So spannend Angela Merkels Kindheit, Jugend, Studium und erste Berufstätigkeit in der untergegangenen DDR sind: Für die Antworten, die fehlen, spielen sie meiner Einschätzung nach nur eine beisteuernde Rolle. Diese Jahre sind, gemessen am Rest, nicht mehr als der Vorlauf. Das gilt besonders für ein so schnell lernendes »System« wie Angela Merkel. Was sie ins Kanzleramt brachte, hat sie nach der Wende gelernt, im westdeutsch geprägten Politik-Betrieb. Kanzlerin selbst hat sie vor allem im Kanzleramt gelernt, wo auch sonst? Guido Westerwelle brachte es im kleinen Kreis schon am Ende ihrer ersten Amtszeit so auf den Punkt: »Sie fühlt kein Leben vor der Kanzlerschaft mehr. Das kam bei Helmut Kohl erst nach 12 Jahren.«

Wer wissen will, wer uns da seit bald acht Jahren regiert – der muss nach den Antworten also in diesen Jahren suchen. Das soll mein Buch leisten. Es ist keine Nacherzählung dieser Zeit, wiewohl lange Strecken davon höchst spannend waren.

Es ist stattdessen der Versuch, an relevanten Stellen genauer hinzuschauen, als in einer breit angelegten Biographie möglich. Gute Biographien, allen voran die von Evelyn Roll, gibt es einige, auf jeden Fall zu viele, um noch eine hinzuzufügen. Ebenso gibt es meinungsstarke, mitunter fulminante Abrechnungen wie die von Cora Stephan aus dem Jahr 2011 oder die von Getrud Höhler (2012). Und sogar ein Interview-Buch liegt vor: neun Stunden Gespräche, aufgeschrieben von Hugo Müller-Vogg, aus dem Jahr 2003. Aber noch einmal: Dieses Buch geht anders vor und fokussiert allein auf die bald acht Jahre Angela Merkels im Kanzleramt. Man ist schließlich nicht lange Zeit im Voraus schon Kanzlerin und fängt nach einer gewonnen Wahl dann an zu regieren. Sondern man fängt an zu regieren und wird irgendwo auf der Strecke Kanzlerin. Oder eben nicht.

Zum Schluss muss es natürlich auch darum gehen, wie lange Angela Merkel noch regieren will. So lange, wie der Wähler sie lässt? So lange, wie die CDU sie lässt? Das sei vorweggenommen: Nein, ich denke, soweit wird es nicht kommen, soweit lässt sie es nicht kommen. Wenn es das Wahlergebnis im September 2013 hergibt, wird die Kanzlerin weiterhin selbstverständlich Angela Merkel heißen. Aber in der ersten Hälfte der Legislaturperiode, spätestens im Jahr 2015, wird sie ihre Ämter an der Regierungs- und der Parteispitze abgeben an nur einen Nachfolger (eine Nachfolgerin) für beides. Das wird ihrer Kanzlerschaft den wichtigsten denkbaren Superlativ verschaffen, den sie aus eigener Kraft erreichen kann: seit 1949 der erste deutsche Kanzler zu sein, dessen Amtszeit *nicht* mit partei-interner Ablösung oder einer Wahlniederlage endet. Angela Merkel wäre die erste

Kanzlerin, die aus freien Stücken aufhört – bevor sie das Vertrauen ihrer Partei oder der Wähler verloren hat. Und dieser Rekord, diese Alleinstellung reizt sie außerordentlich. Dafür gibt es in ihrer politischen Vergangenheit und ganz aktuell hinter den Berliner Kulissen eine stattliche Reihe von deutlichen Belegen sowie Hinweisen aus internen Zirkeln. Man muss sie nur sehen (und aufschreiben).

An der Stelle wird klar, dass es sich bei diesem Buch nicht um ein so genannt »autorisiertes« handelt. Das soll kein Selbstlob sein und auch keine Herabsetzung anderer Autoren, wohl aber ein wichtiger Begleithinweis für die Lektüre. Angela Merkel hat keinen Einfluss auf dieses Buch nehmen können. Weder, indem sie besondere (gleichwohl immer kontrollierte) Nähe und Zugang gewährt hätte, und schon gar nicht, indem sie die Zitate autorisiert hätte, die sich an vielen Stellen im Buch finden. Diese stammen allesamt aus öffentlichen oder nicht ganz so öffentlichen Runden und haben nicht der Auswahl der Kanzlerin unterlegen.

Für mich persönlich ist dieses Buch das vorläufige Fazit von gut zehn Jahren Parlaments-Journalismus als Korrespondent und Hauptstadtbüro-Leiter für *Welt* und *BILD* in Berlin, dem »Irrenhaus«, der »Narrentrommel«, wie manche sagen. Acht davon war Angela Merkel die Kanzlerin, also mein wichtigstes Objekt der Beobachtung und Bewertung. Dieses Buch nimmt an Fragen auf, was ich mich in dieser Zeit selbst gefragt habe und was ich gefragt worden bin; sowohl von interessierten Laien als auch von Politikern oder Journalisten-Kollegen. Es sind, wie gesagt, die *einfachen* Fragen, die vermeintlich einfachen Fragen. Also jene, bei denen die Antwort umso schwerer fällt, je länger man über sie nachdenkt.

Ein halbes Jahr, bevor er dann doch Bundespräsident wurde, hat Joachim Gauck über die Kanzlerin gesagt: »Ich respektiere sie, aber ich kann sie nicht richtig erkennen.« Wohl wahr: Sich Angela Merkel zu nähern, um sie zu erkennen, ist nicht einfach. Macht aber Spaß.

Auf geht's.

Wie ist Angela Merkel so aus der Nähe?

Wer wissen will, wie Angela Merkel »so aus der Nähe ist«, der muss zuschauen, wie sie lacht. Dazu kann man zum Beispiel mit ihr auf Reisen gehen. Das tun Journalisten oft, die Leiter der Berliner Hauptkorrespondentenbüros der großen Zeitungen und TV-Sender sogar regelmäßig. Die Reisetruppe variiert, aber sie hat einen festen Kern. Das entspannt Angela Merkel, weil sie ihre Umgebung gern berechenbar hat. Eine entspannte Kanzlerin wiederum entspannt ihre engsten Mitarbeiter, die deshalb mehr Nähe zulassen. Ganz praktisch ist Angela Merkel auf Reisen weniger abgeschirmt als im Berliner Alltag. Man kann ihr beim Frühstück im Hotel begegnen, wenn sie am Buffet entlangschlendert und sich etwas aussucht, oft ein Müsli mit Orangensaft. Beim Streunen durch das Gewühl abendlicher Empfänge bleibt man plötzlich an einer Traube mit Merkel in der Mitte hängen und hört einfach zu oder beobachtet. Manchmal steht man auch urplötzlich für ein paar Minuten direkt neben ihr, im Hotel-Aufzug oder wenn sie durch eine Ausstellung oder eine Werkhalle geführt wird und man im engsten Tross einfach mitschwimmt, durch die sie umgebende Reuse der Sicherheitsleute hindurch. Und wenn sich zwei Dutzend Journalisten im Sitzen, Stehen, Hocken in das »Konferenzabteil« des Regierungsfliegers quetschen (der Rekord steht bei knapp unter 30), dann kommt man gelegentlich sogar Hosennaht an Hosennaht mit der Kanzlerin zu sitzen.

Zugegeben, deshalb durchschaut man noch lange nicht, warum sie über den strauchelnden Bundespräsidenten Christian Wulff politisch nie den Stab gebrochen, aber einen glücklosen Umweltminister nach einer Wahlniederlage brutal gefeuert hat, oder warum sie auch in einer schwarz-gelben Regierungskoalition mit Bundesrats-Mehrheit keine richtige Steuerreform machen wollte. Man kann in dem Konferenz-Abteil noch nicht einmal in ihre Unterlagen spinxen, die sie meistens in einer blauen Mappe oder als in Plastik eingeschweißte DINA5-Sprechzettel auf den Oberschenkeln liegen hat. Aber irgendwie darf man sich trotzdem einbilden, Angela Merkel auf solchen Reisen besser in den Fokus zu kriegen, besser ein Gefühl für ihre Person und ihr politisches Wesen zu entwickeln – also für Angela Merkel als Mensch und als Maschine.

Unter dem Strich kann man sagen: Die Maschine Merkel, das ist die mit den runterhängenden Mundwinkeln. Der Mensch Angela Merkel lacht gern. Müsste man es in einem einzigen Wort zusammenfassen, es hieße: angenehm, sie ist wirklich angenehm. Man fährt gern mit und nicht nur, weil man ja muss. Es ist wie Klassenfahrt, wobei offenbleiben kann, ob Angela Merkel nun die Klassenlehrerin ist oder die Klassensprecherin.

Nett wäre dagegen nicht das richtige Wort für Angela Merkel, weil es wie ein anderes Wort für naiv klingt, und das ist sie bestimmt nicht. Auch lustig oder amüsant trifft nicht den Punkt. Man kann mit Angela Merkel zwar gut lachen, und sie lacht selber gern. Gelegentlich auch über sich selbst, weil sie im achten Amtsjahr unverändert zum Blick von außen auf sich selbst und den vielschichtigen Kokon des Amtes fähig ist. Auf ihrer allerersten Dienstreise nach Paris und Brüssel im Herbst 2005 wurde sie gefragt, was sie am meisten an der neuen Situation beeindrucke. Antwort, nach kurzem Zögern: »Die Infrastruktur«. Als Beispiel nannte sie aber nicht die dicke Dienstlimousine, das Krypto-Handy oder ihre BKA-Entourage, sondern ihren ersten Anruf von außerhalb im eigenen Büro. Weil sie ihre Büro-Durchwahl noch nicht im Kopf hatte, rief sie damals also in der Zentrale des Bundeskanzleramtes an – und musste einer verdutzten Telefonistin erklären, dass sie »wirklich Angela Merkel sei, ja, ja, die neue Chefin, ja richtig, seit vorgestern …« Großes Gelächter im Flieger, gute Show, feines Maß an Selbstironie.

Überhaupt: Das Lachen der Kanzlerin ist ansteckend. Sie kann sich wegschütten vor freundlich-schadenfrohem Kichern. Zum Beispiel, wenn sie erzählt, wie vor Jahren der litauische Ministerpräsident mit dem Rad unterwegs ist und an der Grenze zur Ukraine nach der Baustelle des neuen ukrainischen Atomkraftwerks sucht, durchs Unterholz stapft, das Fernglas zückt, aber die Großbaustelle partout nicht finden kann. Oder wenn sie ohne großen Zusammenhang erzählt, was es mit dem krummen U-Boot für Griechenland auf sich hat. Das haben die Deutschen nämlich vor Jahren geliefert, aber die Griechen bezahlen nicht, weil es eben »krumm« sei, erzählt die Kanzlerin und muss das erste Mal kichern. Unzählige U-Boot-Vermesser seien inzwischen auf dem Gefährt herumgekrabbelt, ohne Ergebnis. Aber die Griechen beharrten darauf: Es sei krumm, und die ganze Welt außer den Deutschen wüsste, dass … Den letzten Satz kriegt sie nicht mehr zu Ende, weil sich ihr Kichern in einen Lachkrampf gesteigert hat. »Krumm …, ein krummes U-Boot!«

Da lief ganz offensichtlich ein sehr skurriler Film in ihrem Kopf ab. Dagegen fanden die Zuhörer um Merkel herum die Geschichten selbst eigentlich gar nicht soooo komisch. Ihnen fehlte der Film im Kopf. Angela Merkel aber konnte sich kaum halten – und deshalb mussten alle, angesteckt, mitlachen. Trotzdem: »Lustig« nennt man wohl eher Leute, die es regelmäßig auf einen Lacher anlegen. Aber die Kanzlerin kann herrlich überzeugend so tun, als würde sie von einem Lacher im Publikum völlig überrascht, weil sie gar nicht gewusst haben will, dass sie gerade etwas zum Lachen oder Kichern von sich gegeben hat.

Wenn sie dann, etwas verzögert, auch mitmacht, also ihrem eigenen Witz hinterherlacht, dann nennen das viele »mädchenhaft«. Thomas Gottschalk erzählte nach der Verleihung der »medal of freedom« an Angela Merkel (2011), dass er Merkel nun schon seit längerem immer wieder einmal treffe und von einer stets »fast mädchenhaften Reaktion, wenn sie sich über etwas freut. Das steht ihr gut«. Tatsächlich ist »mädchenhaftes Lachen« seit langem ein Standard in jeder Merkel-aus-der-Nähe-Beschreibung. Aber mädchenhaft ist ein seltsam verquastes Wort für jemanden, der Ende 50 ist und seit jeher einfach frei lachen kann, wenn er etwas zum Lachen findet, womöglich auch sich selbst. Das Einzige, was Angela Merkel von vielen anderen notgedrungen unterscheidet, wenn sie lacht, hängt mit ihrem Amt zusammen. Nicht selten merkt man, dass sie noch ein, zwei Momente länger darüber nachdenkt als andere, ob sie jetzt auch lachen *darf*. Als Kanzlerin. Meistens sagt sie sich: ja, darf ich.

Zum Beispiel darüber, wie es Anfang Oktober 2008 an jenem Sonntagnachmittag war, als sie mit ihrem damaligen SPD-Finanzminister Peer Steinbrück im Kanzleramt vor eilig herantelefonierten TV-Kameras die Garantie-Erklärung für alle deutsche Sparguthaben abgibt, je nach Definition um die 1600 Milliarden Euro. Kurz zuvor hat die Bundesbank das Kanzleramt wissen lassen, dass die Nachfrage nach 500 Euro-Scheinen an den Bankschaltern spürbar zugenommen habe vor dem Wochenende, ein Hinweis auf beginnende Panik. Ein echter »defining moment« der großen Koalition ist das also und womöglich die zwei Minuten, die Deutschland einen katastrophalen Banken-*run* ersparten. Eine ernste Sache, aber Merkel fasst ein paar Jahre später in einem kleinen Kreis das Ganze so zusammen: »Wir haben mit dem unschuldigsten Gesicht das größte Ding gemacht.« Stimmt ja auch: Weil der Bund niemals einfach so hätte zahlen können. Weil es keinen Parlamentsbeschluss gab. Weil es kein Kleingedrucktes gab mit Abgrenzungen im Detail. Weil, weil, weil. Das erzählt sie trocken und verschmitzt, einmal in Fahrt gekommen berlinert sie dabei »so'ne, nüscht, ditte« – schlicht schelmisch. Und schelmisch steht zu »mädchenhaft« wie Humor zu Witzigkeit.

»Jaaaaa, wir fliegen heute nach …« So fangen die Unterhaltungen, *»briefings«*, im Regierungsflieger fast immer an. »Jaaa, heute schauen wir uns mal den Satz des Pythagoras an …« So klingt das in der überfüllten Konferenzkabine, ein bisschen wie eine Lehrerin im (fliegenden) Klassenzimmer. Dann spult sie ihr Wissen über das Zielland ab, über den amtierenden Regierungschef, die Rolle, die Deutschland für dieses Land spielt und umgekehrt, und was sie anstreben will bei diesem Besuch. Als Gedankenstütze machen sich die Journalisten Notizen, obwohl sie kein Wort davon wörtlich schreiben dürfen, weil es die ungeschriebenen Regeln der Hauptstadtpresse verbieten. Und dabei tritt die zweite Eigenschaft zu Tage, die Angela Merkels Persönlichkeit prägt: Neugier. Diese Frau hat immer mehr Fragen als Zeit, sie zu stellen. Egal bei wem, egal wo. Vielleicht ist das Routine einer chronisch zeitknappen Politikerin, aber dann müsste es ja auch für Journalisten Routine sein, die auf ihre Art ebenso chronisch zeitknapp sind. Die allermeisten Journalisten jedoch hören bei einem gegebenen Thema irgendwann auf zu fragen. Nicht weil sie denkfaul oder desinteressiert sind oder meinen, schon alles zu wissen. Sondern weil sie irgendwann das Gefühl haben, nun ist es genug, um einen anständigen Artikel in der vorgegebenen Zeit zu schreiben. Journalisten kennen grundsätzlich eine Grenze, jenseits derer vermutlich nur noch »nutzloses« Wissen, überflüssige Details kommen. Angela Merkel kennt die Grenze sicherlich auch, weil sie mit ihrer Zeit und dem Fassungsvermögen ihrer »Festplatte« ebenfalls strikt haushalten muss. Aber sie fragt trotzdem. Oder würde es, wenn nicht der nächste Termin sie daran hinderte. Am Beginn ihrer bis heute längsten Auslandsreise, sechs Tage durch Südamerika Mitte 2008, sagt sie es so: »Das Entscheidende ist, wie viele Abendessen habe ich und wie oft kann ich etwas fragen.«

Und noch eine dritte Eigenschaft sagt etwas Wichtiges über Angela Merkel, die seit über zwanzig Jahren politisch in der ersten oder allerersten Reihe steht und dort akribisch beobachtet wird: Sie ist immer für eine Überraschung gut. Das meint jetzt nicht politische Volten, Meinungswechsel, Strategiebrüche, dazu an anderer Stelle mehr. Es meint, dass sie plötzlich auf ein Thema kommen kann und dabei Gedanken preisgibt, die man nicht kannte oder von denen man partout nicht gemeint hätte, dass sie ihr gerade durch den Kopf gehen. Ein Beispiel, zugetragen hat es sich auf dem Rückflug von einer Malta-/Zypern-Reise 2011, auf die ganz viele Journalisten mitwollten, um zu hören, was Merkel am Anfang eines »Super-Wahljahres« so denkt und wie das mit dem damals schon heftig rudernden Karl-Theodor zu Guttenberg weitergehen würde. Auf dem Rückflug also kommt kurz auch zur Sprache, dass sich die damalige Linkspartei-Chefin Gesine Lötsch in einem Aufsatz dazu bekannt hat, ihre Partei suche weiterhin nach »Wegen zum Kommunismus«. Und dann legt Merkel los, man staunt: Sie liefert einen ebenso schlüssigen wie weit ausholenden Exkurs über Marx und Engels, über sozialistische Dialektik, den kleinen Kommunismus-Katechismus der FDJ und der SED. Wohl keiner der Mitreisenden hatte davon je so ausführlich, so lebendig gehört. Auch Merkels Motivforschung: Es gehe für Frau Lötsch nicht um Stalin-Verehrung, nein bewahre. Der Grund sei, dass sie in der DDR in die Schule gegangen ist. Folgte ein weiterer Exkurs über DDR-Schulausbildung und wie der Kommunismus und seine Dialektik dort gelehrt wurden, in drei verschiedenen Fächern oder Gruppen: »Die mit den schlechtesten Mathe-Noten nahmen wissenschaftlichen Kommunismus.« Heißt für Merkel: die Deppen, die man allein wegen ihrer schlechten Mathe-Noten getrost verachten durfte, sogar in der DDR. Bei Angela Merkel sind nur wenige Witze ohne doppelten Boden.

Oder auf einer der vielen Reisen nach Washington, Ende Juni 2009: Da zog sie ohne rechte Vorwarnung, aber mit dem konkreten Hintergrund der Debatte um Hartz IV und Guido Westerwelles Satz von der »spätrömischen Dekadenz« einen Aufsatz von Ralf Dahrendorf aus der schwarzen Handtasche. Über die Ethik des Verzichts, über den Wandel vom Spar- zum Pumpkapitalismus, einen Text, über den sie offenkundig lange nachgedacht und mit Vertrauten geredet hat. Merkel lieferte ein bündiges Zehn-Minuten-Referat über den Dahrendorf-Text, folgte dessen Gedanken in mehrere tiefe Verästelungen. Und alle, man muss das sagen, alle mitreisenden Journalisten waren beeindruckt, besonders der Kollege der *ZEIT*, der schon von Amts wegen alle Dahrendorf-Aufsätze kennen muss.

Angela Merkel lässt sich aber auch selbst überraschen. Sie kann herrlich baff sein – und dann auch so reden. Im April 2010 gerät die Kanzler-Maschine in die Turbulenzen des isländischen Vulkans, dessen Ausbruch den internationalen Flugverkehr kollabieren lässt und zu dem wirklich außergewöhnlichen Umstand führt, dass eine Bundeskanzlerin ihren Regierungs-Airbus besteigt, ohne zu wissen, wo er landen wird. Ein Land nach dem anderen in Europa schließt gerade seinen Luftraum wegen der Aschewolke. Und Merkel sagt im Flieger wie ein staunendes Kind: »Das hat die Welt noch nicht gesehen.« Dann allerdings legt sie sich früh schlafen. Auch typisch Merkel.

Auf dieser Reise war sie sogar richtig fürsorglich, fast wie die oben erwähnte Klassenlehrerin. Der Irrflug der Kanzlermaschine landete nämlich zunächst in Lissabon, dann ging es tags drauf weiter nach Rom, weiter auf der Suche nach einem aschefreien Luftweg bis Berlin. Als das hoffnungslos bleibt, geht es auf der Straße bis ins norditalienische Bozen (auf der Strecke platzt beim Journalisten-Bus auch noch ein Reifen). Schon in Lissabon hätte die Kanzlerin allein weiterreisen können, da wäre sie vermutlich schneller gewesen, und alle Zurückbleibenden hätten es wohl verstehen müssen. Angela Merkel sagte aber: »Wir machen keine dramatischen Sachen, und wir bleiben alle zusammen.« Das hieß konkret: Niemand musste sich um Ausweichflüge bemühen, um ein Hotelbett oder sonst etwas. Man blieb im Tross, und alles war unendlich viel leichter. Deshalb muss man als Journalist Merkels Integrations-Politik nicht gut finden, manches Gezaudere bei der Griechenland-Hilfe oder den schwarz-gelben Dauerknatsch bis ins Wahljahr 2013. Aber angenehm und fast fürsorglich war es doch, und diese Charakterzüge erkennt man an den Menschen ja meistens dann, wenn sie etwas tun, was sie nicht unbedingt tun müssten. Zum Schluss, als man sich wirklich trennte und die Kanzlerin in Süddeutschland einen Helikopter bestieg, sagte sie zum Abschied: »Tschüs. War schön. Muss ich aber nicht gleich wieder haben.« Merkels Spitzname in CDU/CSU war früher »Oberschwester«. Heute heißt sie bei den meisten »Mutti«.

Das alles erzählt etwas, wie Angela Merkel so aus der Nähe ist – wenn man sie als Journalist immer wieder auf Auslandsreisen begleitet. Wie sie mit ihren engsten Mitarbeitern menschlich umgeht, erfährt man, wenn überhaupt, dagegen nur aus dritter Hand: Weil Merkel und die besagten engsten Mitarbeiter darüber so gut wie nicht reden. Nicht umsonst ist die Eintrittskarte in diesen Kreis größte Verschwiegenheit. Als sicher kann allerdings gelten, dass sie anders als andere

Politiker nicht mit harten Gegenständen wirft. Selbst wenn sie sich so richtig ärgert.

Lange Rede, kurzer Sinn: Angela Merkel, so wie ich sie kenne, ist eine sehr umgängliche Person, sympathisch und normal. Gleichwohl ist ein sympathischer Mensch nicht automatisch zugleich ein politischer Sympathieträger. Ausweichlich aller Umfragen ist Angela Merkel aber gerade auch das. Es dürfte ihr größter politischer Trumpf sein – und sie weiß es genau.

Was denkt sie über die Deutschen?

Was Angela Merkel über die Deutschen denkt, ist ein gut gehütetes Geheimnis. Das liegt nicht zuletzt an einer der größten Widersinnigkeiten der repräsentativen Demokratie überhaupt: Politiker dürfen nicht mit den Wählern öffentlich hadern, auch mit deren offenkundigsten Defiziten und Fehlleistungen nicht. Sie dürfen noch nicht einmal tiefbraun verbohrten NPD-Wählern sagen, dass sie verbohrt sind, sondern müssen stattdessen »Verständnis« für die sozialen Nöte heucheln, die zu diesem bedauerlichen Wahlverhalten geführt haben könnten. Selbst wenn alle Deutschen nachweislich faul und blöd wären, ein diäten-finanzierter Politiker dürfte es erst als Letzter sagen. Denn die Wähler sind der Souverän – und der Souverän hat immer Recht. Politikverdrossenheit der Bürger ist erlaubt und in vielen Kreisen, oben wie unten, sogar schick. Bürgerverdrossenheit der Politiker dagegen, also so etwas wie das ehrliche Echo, war und bleibt ein Tabu. Außer man heißt Helmut Schmidt, ist über 90 Jahre alt und die irgendwie letzte Instanz der Republik. Dann darf man im öffentlich-rechtlichen Fernsehen Zigaretten rauchen und ab und zu sogar die Wähler beschimpfen. Sonst nicht.

Was Angela Merkel über »die Menschen draußen im Land« denkt, davon ist deshalb nur der offizielle Teil bekannt.

Er steht im CDU-Parteiprogramm oder ist bei Wahlkampfveranstaltungen zu hören. Demnach macht die Kanzlerin Politik für den Typ Mensch, der »aus Hartz IV herauswill«, wenn er einmal drinsteckt. Der sich etwas zutraut und seine Freiheit zu etwas Eigenem, Sinnvollem gebrauchen will. Der, anders als in der DDR ihrer Jugend, neugierig an seine Grenzen und darüber hinausgehen darf – und gehen will. In Angela Merkels (Wunsch)Bild von den Deutschen fahren die Menschen morgens zur Arbeit, zahlen Steuern, erziehen ihre Kinder. Warum auch nicht? Immerhin ist es der Kanzlerin anzurechnen, dass sie dieses offizielle Bild vom Bürger nicht mit allzu viel Schmalz und Tremolo verbreitet. Es wäre wie bei allen anderen Spitzenpolitikern auch – eine Farce.

Denn was Angela Merkel wirklich von den Deutschen denkt, ist etwas ganz anderes. Und an diesem anderen Bild, nicht am Parteitags-Geschwurbel, richtet sie ihre tägliche Politik aus: Wofür lassen sich diese Menschen im Land begeistern? Was schreckt sie ab und was kann eine Regierung ihnen zumuten? Warum sagen sie auf ein und dieselbe Frage mal ja und dann wieder nein? Wann verlieren sie das Vertrauen und wie viel lassen sie sich überhaupt noch erklären? Wer diese Fragen nicht immer wieder neu stellt, wird nicht lange regierungsfähige Mehrheiten haben. Angela Merkel hat solche Mehrheiten seit fast acht Jahren. Wahrscheinlich auch, weil sie so viel über ihre Kundschaft nachdenkt, über »die Leute«, wie sie sagt.

Machen wir uns nichts vor: Angela Merkel hat ein distanziert nüchternes, vielfach ernüchtertes Bild von den Deutschen. Sie hält die große Mehrheit von ihnen für politisch desinteressiert, wenn nicht ahnungslos; für reformfeige, undankbar und unterschwellig immer noch verführbar. Zugleich hat sich Angela Merkel ihre Neugier bewahrt, betrachtet die Deutschen manchmal so staunend wie einen Laborversuch mit unerklärlichem Ergebnis. Sie nimmt den Wandel der Gesellschaft wahr und lässt ihn gelten. Jedenfalls zieht sie ihre praktischen Schlüsse für den Regierungs-Alltag daraus, ihr »Erwartungs-Management« zum Beispiel. Unter dem Strich liegt sie mit all dem so falsch nicht.

Aber der Reihe nach.

Angela Merkel ist stolz darauf, Politikerin zu sein. »Berufspolitiker« ist kein Schimpfwort für sie. Sie liebt ihre Arbeit und hält, was sie tut, für ein schwieriges Geschäft, das beileibe nicht jedermann beherrsche. Ganz ohne Dünkel sieht sie sich selbst als Profi – dem man bitte, wenn überhaupt, mit professionellen Einwänden kommen solle. Nie käme ihr ein Satz in den Sinn, wie ihn SPD-Chef Sigmar Gabriel 2010 im »Wahlkampf« um den Nachfolger für den zurückgetretenen Bundespräsidenten Horst Köhler sagte: »Christian Wulff bringt eine politische Laufbahn mit, Joachim Gauck ein Leben.«

Das Professionelle in der Politik zu ehren, ist zugleich der springende Punkt für Angela Merkels Bild von den Deutschen. An einem Abend nach einem langen, aufreibenden EU-Gipfel in Brüssel brach das einmal aus ihr heraus und mündete in den Satz: »Die Leute sollen uns Politiker die Politik machen lassen, weil wir so viel mehr davon verstehen.« Banaler geht's nicht, aber der Satz hat große Kraft, und dahinter liegt ein ganzes Weltbild. Die Zuhörer, allesamt Journalisten und Beamte, trauten ihren Ohren nicht: Die Kanzlerin lieferte eine Stehgreif-Ehrenrettung ihres eigenen

Berufsstandes, eine Hymne auf die Schönheit des politischen Geschäfts an sich. Und dazu eine kurze Charakterstudie der politisch schlecht informierten, desinteressierten Deutschen, die größte Skepsis vor allzu viel Volksbefragung und Referenden dringend nahelegte – allein schon, weil die Menschen völlig überfordert sind, die Globalisierung zu verstehen.

Ins Gästebuch einer Gedenkveranstaltung zu Nazi-Tyrannei und Judenverfolgung hatte sie schon früher einmal geschrieben: »Weil man nie sicher sein kann, dass die Menschen vernünftiger werden, müssen die politischen Strukturen der Bundesrepublik so sein, wie sie sind.« Kein Wunder, dass Angela Merkel mit den »Wut-Bürgern« vor dem Stuttgarter Bahnhofs-Neubau S-21 nicht viel anfangen konnte und froh war, dass sie der schweigenden Mehrheit am Ende unterlagen. Kein Wunder auch, dass sie mit den Piraten bei aller Neugier bis heute wenig anzufangen weiß. Deren Wähler und Personal passen zwar in ihr Bild von den polit-launischen, immer sprunghafteren Deutschen, die Meinungsumfragen inzwischen schneller und heftiger oszillieren lassen als jemals zuvor. Aber zugleich war sie von Anfang an unsicher, ob die Piraten sich festsetzen würden oder ihnen binnen eines Jahres die Luft ausgehen würde. Sie neigte zu Letzterem, weil sie nach wie vor denkt, die Deutschen interessierten sich immer weniger für Politik, Parteipolitik zumal. Am Ende, im Frühjahr 2013, scheint sie richtig zu liegen, scheint ihr Bild von den Deutschen in diesem Punkt zu stimmen: Die Anti-Parteien-Partei hat ihren Reiz verloren, verspielt und steckt nach zahllosen internen Quälereien unter fünf Prozent in den Umfragen für die Bundestagswahl fest und hat es in den Landtag von Niedersachsen nicht geschafft. Die erste Niederlage nach vier Siegen bei Landtagswahlen und die Beobachter sind sich einig: Die Piraten könnten so schnell wieder von der Bildfläche verschwinden wie sie gekommen waren. Deren Wähler wollen nicht nur einen anderen Inhalt, sie wollen einen anderen Modus als den der repräsentativen Demokratie, um die politischen Vorhaben zu verhandeln und zu beschließen. Sie wollen die Details der Politik nicht länger allein den Profis, den Berufspolitikern, überlassen, denn denen misstrauen sie wie jede populistische Partei. Die Piraten stellen also eine neue Plattform gegen »die da in Berlin«. Jeder kann mitmachen, und das heißt: Mal kommt »wisdom of the crowds« heraus, die Weisheit der vielen; und manchmal ist es die Diktatur der Dilettanten, die Dilettantur. Auf diese Weise ein Industrieland mit 80 Millionen Einwohnern regieren zu wollen, das hält der Profi Angela Merkel für krank. Von neu erfundenen Systemen im Realitätscheck hat sie nach der DDR genug.

Kurzum: Bei der flammenden Verteidigung ihrer Art von Politik, die sie für die einzig taugliche hält, war die Kanzlerin an diesem Abend in Brüssel denkbar ehrlich. Vielleicht lag es an der fortgeschrittenen Stunde und zwei Glas Wein. Vielleicht lag es auch am Ort, an dem für 500 Millionen Bürger der Europäischen Union so viel wichtige Politik mit so wenig öffentlicher Begleitung gemacht wird. Wo die Politiker vom Volk (und den Medien) weniger »gestört« werden als daheim und das für einen handfesten Vorteil halten, vom dem auch die Bürger am Ende etwas Positives hätten. Und tatsächlich kann man ja ins Grübeln kommen, ganz wie der österreichische Autor Robert Menasse, der 2012 nach einem längeren Brüssel-Aufenthalt seinen »Europäischen Landboten« veröffentlichte und darin schrieb: »Kann es sein, dass die Demokratie, so wie wir sie nach 1945 (...) gelernt haben und wie wir sie gewohnt sind, auf supranationaler Ebene gar nicht funktionieren kann?« Im Gegenteil sogar die Zwänge national organisierter (parlamentarischer) Legitimation das »nachnationale« Geschäft in Brüssel beständig erschwerten? Ein Autor wie Menasse kann diese Zweifel in klare Worte kleiden, ein Politiker darf es nicht – zumindest nicht öffentlich.

Zynische Verachtung für die einfachen Leute ist Angela Merkel bei alledem fremd, aber genauso wenig macht sie sich Illusionen. Bei ihrem TV-Duell mit dem damaligen Kanzler Gerhard Schröder saßen 2005 zwar etliche Millionen Zuschauer vor dem Fernseher. Aber Merkel ist sicher: »Der einzige Satz, der hängen blieb, war doch der von Gerhard Schröder: Ich liebe meine Frau.« Wie gesagt, Angela Merkel erzählt so etwas nicht mit Verachtung in der Stimme, sondern mit ergebenem Schulterzucken. Im Gegenzug besteht sie deshalb sehr selbstbewusst auf einer Art Arbeitsteilung zwischen Regierenden und Regierten. Sie lässt sich den Wert des eigenen Tuns nicht herunterquatschen, gerade weil sie weiß, dass in der Demokratie nun einmal selbst jene den Mund aufmachen dürfen, die nachweislich keine Ahnung haben. Weil die Deutschen tatsächlich zumeist allergisch auf Parteien-Streit, auf »Parteien-Gezänk«, reagieren, hat sie für sich den Schluss gezogen: Die Leute wollen nicht das Hin und Her verfolgen, sie wollen das Problem gelöst haben. Und aus einem anderen Kreis wird sie zitiert: »Selbst von einer Revolution wollen die Deutschen am liebsten erst im Nachhinein benachrichtigt werden.« Sie hält es mit Bismarck, der gesagt haben soll: »Je weniger die Leute davon wissen, wie Würste und Gesetze gemacht werden, desto besser schlafen sie.« Das ist Angela Merkels Bild des Durchschnitts-Deutschen, der nicht viel erklärt haben will – weshalb sie auch nicht so viel ins Erklären investiert.

Als Oppositionsführerin hat sie erlebt, wie die rot-grüne Regierung Schröder an der Vermittlung ihrer Hartz-Reformen scheiterte, wie die verunsicherten Bürger auch durch anhaltendes Erklären nicht zu beruhigen waren. Zu Beginn der großen Koalition überreichte ihr Franz Müntefering eine eigens für die SPD-Spitze angefertigte wissenschaftliche Untersuchung des rot-grünen Kommunikations-Desasters mit Hartz IV. Demnach habe das immer neue Erklären nicht geholfen, im Gegenteil. Es habe die Menschen vielmehr in der instinktiven Wahrnehmung bestärkt, die Sache sei so immens kompliziert, dass die Politik das in keinem Fall hinkriegen könne. Dann, so mag sich Angela Merkel denken, dann doch lieber erst nach vollzogener Revolution das Volk benachrichtigen.

Besonders gilt das für Reformen: Wenn's schon sein muss, sollen den Leuten danach aber auch ein, zwei Jahre Ruhe gegönnt werden; und wenn es wieder soweit ist, bloß nicht laut drüber reden. So denkt inzwischen nicht nur die Agenda-2010-geschädigte SPD, von deren Vorsitzenden Sigmar Gabriel das unübertreffliche Zitat stammt: »Die Menschen sind zutiefst verunsichert und sehnen sich nach dem Ort, wo sich nichts ändert. (...) Selbst das, was schlecht ist, soll so bleiben, wie es ist.« So viel anders denken die Kanzlerin und ihre engsten Berater auch nicht. Denn: Angela Merkel ist nach wie vor fest davon überzeugt, dass Konsens-Sehnsucht und Veränderungsfeigheit vieler Deutscher sie fast um die Kanzlerschaft gebracht hätten, damals im Sommer und Herbst 2005. Aufsetzend auf ihrem ungekannt liberalen Leipziger Parteitags-Beschluss samt Bierdeckel-Steuerreform und Kopfpauschalen-Gesundheitsplan hatte die CDU unter Merkel einen Reform-Wahlkampf geführt, Härten angekündigt, klirrend von »Durchregieren« geredet – und dem Ganzen mit dem designierten Finanzminister-Professor Paul Kirchhof auch noch ein Gesicht gegeben. Alles zusammen brachte den eigentlich schon chancenlosen Kanzler Gerhard Schröder derart gut zurück ins Spiel, dass die SPD um ein Haar mehr Stimmen als die Union eingefahren hätte. »Nie wieder ein Reform-Wahlkampf«, steht im Lager Merkel seither fest.

Was nicht automatisch heißen muss, nie wieder Reformen. Die CDU etwa hat Angela Merkel in nunmehr 12 Jahren als Vorsitzende radikal verändert, vergleicht man vorher mit nachher bei Familienbild, Zuwanderung, Schule, Wehrpflicht, Wirtschaftspolitik etc. Sie hat es jedoch verstanden, auch größere Veränderungen in eine unaufgeregte Fortschreibung alter bürgerlicher Traditionslinien umzurubeln. Und das (Partei) Volk hat sich kaum aufgeregt, hat es hingenommen, den Wandel für irgendwie normal gehalten.

Heißt: Reformen würde sie durchaus versuchen, in die Wege zu leiten – aber nur, wenn es wirklich nicht anders geht wie bei der Schuldenbremse, die nun im Grundgesetz steht, oder bei der Wehrpflicht, deren Ungerechtigkeit längst zum Himmel schrie. Und es muss ja auch nicht schiefgehen: Entgegen ihres Rufes, kollektiv reformfeige zu sein, haben die Deutschen in den letzten zwei Jahrzehnten eine ganze Menge mit sich machen lassen, angefangen von der Umwälzung ausnahmslos aller Lebensumstände in der ehemaligen DDR, über handfeste Kriegseinsätze der Bundeswehr bis hin zur Agenda

2010. Angela Merkel würde die Deutschen nur nie mehr vor den Kopf stoßen, wie sie selber und Gerhard Schröder es bei unterschiedlichen Gelegenheiten taten. Sie würde lieber den leichteren Weg gehen. Und die Sache einfach nicht so deutlich »Reformen« nennen.

Denn der Wähler von heute ist für Angela Merkel alles in allem wie ein launischer Konsument. Er eilt gleichsam durch die Regale des Ladens, greift kurz entschlossen zu und verspricht sich von dem, was er mitnimmt, immer schnellere Befriedigung seiner Interessen. Der Kunde ist zugleich für die Politik immer weniger rational zu berechnen und lässt sich anders als früher auch von nachweislichen Erfolgen eines Beschlusses nicht automatisch beeindrucken. Die Kanzlerin ist zwar bestimmt eine der Letzten, die Dankbarkeit für eine gängige Währung im politischen Geschäft halten, zuletzt hat sie das im niedersächsischen Wahlkampf offen ausgesprochen: »Niemand wird für seine Bilanz gewählt. Dankbarkeit ist nicht das, was zur Wahl steht.« Ein ganzes Interview mit der *Bunten* musste sie vor der Wahl 2009 allein zum Wort »Dankbarkeit« führen – eines der sperrigsten Gespräche mit ihr, das je gedruckt wurde. Aber wer so sehr Politik über den Kopf macht wie Angela Merkel, den muss in seinem Bild von den Deutschen verstören, dass bestimmte rationale Gesetzmäßigkeiten inzwischen wie außer Kraft gesetzt scheinen.

Merkels Mantra lautet: Wer Opposition macht, darf fordern, was er will. Der darf kritisieren, auch wenn er den beklagten Missstand selbst nicht beheben kann. Aber wer regiert, muss liefern, was er ankündigt. Was er nach menschlichem Ermessen nicht liefern kann, darf er nicht ankündigen. So erklärt sich Angela Merkel den Niedergang ihres aktuellen Koalitionspartners, der FDP: zu viel angekündigt, zu wenig tatsächlich geliefert. Das anhaltende Problem der FDP sieht sie nicht in mangelnder Durchsetzungsfähigkeit am Kabinettstisch, sondern in mangelnder Demut und Dienstfertigkeit nach außen. Die Meisterin des Machbaren hält mangelndes Augenmaß für *die* eine Sünde, die der Wähler nicht verzeiht. Auch das gehört zu ihrem Bild von den Deutschen. So erklärt sich übrigens auch ihr Urteil, das umstrittene Buch von Thilo Sarrazin »Deutschland schafft sich ab« sei »nicht hilfreich«. Ob gelesen oder nicht, das hat Merkel wörtlich gemeint. Unabhängig von den vulgär-biologistischen Passagen des Buches seien auch die Teile, in denen es um schockierende Fakten und Fragen zur Ausländer-Zuwanderung geht, »nicht hilfreich«, denn: Mit dieser Art von Auseinandersetzung lasse sich für eine Regierung keine Politik machen. Für Angela Merkel fordert der Autor zu viel, beklagt Missstände zu lauthals, als dass irgendeine Partei zur Zufriedenheit der Kunden entsprechende Abhilfe schaffen könnte. In dieser Logik ist sie eisern.

Für die Kanzlerin heißt das folglich auch: Wenn ich etwas ankündige und es am Ende liefere, dann muss dieser Erfolg auch Vertrauen, Zustimmung und eine gewisse Zufriedenheit nach sich ziehen. Das galt in den Augen Merkels für Konjunkturpakete in der beginnenden Finanz- und Wirtschaftskrise. Das galt für Steuersenkungen, die zumindest nach Berechnung der schwarz-gelben Bundesregierung zum 1.1.2010 mehr als 20 Milliarden Euro an Entlastung brachten. Darüber, wie schnell das Paket in Vergessenheit geriet, kann sich die Kanzlerin bis heute aufregen. Einer ihrer Minister, der genauso dachte wie sie, zitierte sie dazu so: »Ab September desselben Jahres 2010 wurde wieder über Steuersenkungen geredet. Die

Leute sind nicht dankbar. Ich bin hier nicht die Weihnachtsgeschenke-Verteilstelle.«

Erst seit Anfang 2012 fährt Merkel jene guten Zustimmungswerte in Umfragen ein, die sich bei einer blendenden Wirtschaftslage und historisch niedriger Arbeitslosigkeit längst hätten einstellen müssen. Immerhin ist Arbeitslosigkeit in allen Langzeit-Studien das mit weitem, weitem Abstand genannte »Problem Nummer 1« in Deutschland, nichts treibt die Deutschen dauerhaft so sehr um wie die Angst vor Jobverlust. Weil sich die »gelieferte« Job-Sicherheit über mehrere Jahre aber nicht in Zustimmung oder Wahlerfolge für ihre Regierungspartei übersetzte, hält Angela Merkel die Mehrheit der Deutschen spätestens jetzt irgendwie für ziemlich undankbar, mindestens für vergesslich. Tatsächlich korrelieren Wirtschaftswachstum und durchschnittliche Zufriedenheit in Deutschland laut einschlägigen Studien schon seit geraumer Zeit nicht mehr. Die Deutschen werden im Schnitt immer wohlhabender, zufriedener werden sie nicht.

Unbestreitbar, es wachsen Frust und Zweifel: Was heißt es also für eine Politikerin, die alles vom Ende her denkt, wenn das Ende, das Ergebnis, beim politischen Publikum nicht mehr allzu viel zählt? Was, wenn Führung nicht wegen guter Ergebnisse und guter Aussichten bestätigt wird, sondern wegen irgendeiner Haltung, Hauptsache Haltung? Was, wenn selbst messbarer Erfolg gar nicht mehr oder erst viel zu spät Vertrauen und Zustimmung generiert? Dann wäre die Politik, die ohnehin nicht viele verlässliche Gesetze kennt, um ein weiteres ärmer. Dann würde auch der Leit-Satz des Vaters von Angela Merkel nicht mehr gelten, den er in einem seiner ganz raren Interviews gesagt hat: »Nichts ist erfolgreicher als der Erfolg.«

Ganz viele Politiker quer durch alle Parteien denken so über die »undankbaren« Deutschen. Aber manche denken auch ein wenig um, darunter Angela Merkel. Sie lernt dazu. Das fällt ihr leicht, weil sie über »die Deutschen« seit 1990 beständig zu lernen hatte, vornehmlich natürlich über die im Westen. Deren 68er-Verachtung für die Verhältnisse in der westdeutschen Demokratie hat ihr lange zu rätseln gegeben. Warum denn demonstrieren gegen Willy Brandt, habe sie sich auf der anderen Seite der Mauer gefragt, so schreibt ihre Biographin Evelyn Roll. Woher das Sehnen der Kaviar-Linken nach dem vermeintlich aufrichtigeren Leben in der DDR? Warum war Helmut Schmidt wegen des Nato-Doppelbeschlusses in seiner eigenen Partei verhasster als Konrad Adenauer? Ganze Kämpfe, welche die Deutschen im Westen prägten und veränderten, hat sie sich im Nachhinein anlesen müssen: der Kampf um die Emanzipation, der Historikerstreit, der Öko-Traum, die Angst vor Atomtod und Waldsterben. Und sie hat lernen müssen, wie freiheitsvergessen viele Deutsche sind. Zumindest wenn man sie an der Freiheits-Sehnsucht misst, an der Menschen wie sie selbst im Osten gelitten haben.

Dieses Nachlernen hat Angela Merkels Bild von den Deutschen geschmeidig gehalten. Und das muss es auch sein, denn die Deutschen sind inzwischen, laut allen Erhebungen, nicht mehr voll von *German angst*, sondern von *German laessigkeit*, wie der Deutschland-Korrespondent der *New York Times* einmal schrieb. Sie sind ohne große Aufregung durch die schwerste Wirtschaftskrise der Nachkriegszeit gegangen. Sie haben sich von Krisengeheul und mitunter hysterischen Prognosen nicht irremachen lassen, sondern sind unerwartet lebhaft auf politisch gesetzte Anreize angesprungen wie etwa auf die Abwrackprämie oder die Sparguthaben-Garantie. Die Deutschen blieben cool und haben eben nicht die Bankschalter gestürmt, was ihnen bestimmt halb Europa zugetraut hätte. Schon gar nicht haben sie links- oder rechtsextrem gewählt wie viele andere Nationen in Europa. Kurzum: »Man lernt das deutsche Volk von einer Seite kennen, die mich beruhigt«, wie ein sozialdemokratisches Regierungsmitglied schon 2009 sagte und Merkel es bestimmt unterschrieben hätte.

Seitdem ließen sich die Deutschen in ihrer ganz großen Mehrheit auch nicht von der kombinierten Euro-Staatsschuldenkrise ins Bockshorn jagen. Selbst die Sparquote ist nicht nennenswert angestiegen, das verlässliche Thermometer des deutschen Angstfiebers. Nein, auch in der Eurokrise seit Anfang 2010 war kein wirkliches Beben in Volks Stimme oder Stimmung zu bemerken: ein bisschen Wut auf die Griechen und ihren hausgemachten Schlamassel, ja, vielleicht. Aber kein massenhaftes Abrücken vom Euro an sich, im Gegenteil: Die Zahl derer, die sich die D-Mark zurückwünschen, schrumpfte auch in der kombinierten Euro- und Staatsschuldenkrise weiter, noch dazu in ziemlich genau dem Tempo wie seit Einführung des Euro-Bargeldes Neujahr 2002. Selbst Bestseller-Autor Thilo Sarrazin konnte im Frühjahr 2012 keine Anti-Euro-Stimmung schüren. Sein Buch *Europa braucht den Euro nicht* verkaufte für seine Verhältnisse »nur« 100 000 Stück. Und auch im weiteren Verlauf stieg das Konsum-Vertrauen, weshalb Deutschland als einziges Land in Europa an der vorhergesagten Rezession vorbeikam. Die neuen Deutschen kauften sich selber aus der Krise heraus –

so etwas hat es seit dem Krieg nicht gegeben. 2013 schließlich soll die Wirtschaft wieder anziehen, während die Euro-Zone in eine Rezession abgleiten dürfte. Doch die Bundesregierung hat längst die Kurzarbeitergeld-Regelung vorsorglich verlängert, die kurzfristige Schocks am Arbeitsmarkt dämpfen würde. Dass ein mäßiges Anwachsen der Arbeitslosenzahl und schlechte Konjunktur-Nachrichten Angela Merkel die Wahlchancen im Herbst 2013 schwer verhagelt, ist also nicht zu erwarten.

Nein, unter dem Strich steht vorerst: Die gelassenen Deutschen tun ihrer ähnlich gelassenen Kanzlerin einen unschätzbar wertvollen Gefallen: Jahr um Jahr werden sie ihr ähnlicher.

Eine gewisse deutsche Verzagtheit ist zwar immer noch zu spüren in manchen der öffentlichen Debatten. Aber sie ist nicht mehr beherrschend. Man traut sich etwas zu, man trotzt der Krise. Das ähnelt der Art, wie Angela Merkel mit der Euro-Krise umgeht: auf Sicht fahren, niemals ein Endspiel spielen, aber immer energischer das Kommando in der Euro-Zone übernehmen – ohne groß aufzutrumpfen oder unter Druck Nerven zu zeigen. Weitere Ähnlichkeiten: Gegen große Koalitionen haben die meisten Deutschen nicht viel einzuwenden. Angela Merkel verkörpert sie wie sonst niemand. Das Sicherheitsstreben der meisten Deutschen ist bei der Kanzlerin die Angst vor dem Kontrollverlust. Die schwindende Bangigkeit, das neue Selbstvertrauen der Deutschen ist bei ihr das gewachsene Zutrauen in die eigene Machtposition, vor allem im Ausland. Und was das Desinteresse an Politik bei vielen Bürgern ist, das ist der illusionslose Frust bei Merkel, was den Erfolg von Erklärungen angeht. Die Kompliziertheit der anliegenden Fragen ist für die Bürger vielfach Abschreckung, für Merkel eben deswegen Rechtfertigung für unterdurchschnittliches Verkaufen. Heißt: Wer an Angela Merkel verzweifeln will, der kann genauso gut gleich an den Deutschen insgesamt verzweifeln.

Warum hält sie die Hände immer so komisch?

Über die Marotten und kleinen Eigenarten der Kanzlerin ist wenig bekannt. Kein Wunder: Kein Politiker lässt sich gern mit sonderbaren Angewohnheiten in der Öffentlichkeit ertappen – die höchst kontrollierte Angela Merkel schon gar nicht. Bei ihr sind alle privaten Türen aus Prinzip verschlossen, und was sich dahinter abspielen mag, erzählen die, die dabei waren, so gut wie nie. Manchmal aber doch. Und weil zudem das eine oder andere vor der Öffentlichkeit nicht zu verbergen ist, wenn man den großen Teil des Tages öffentlich lebt, lässt sich sagen: Angela Merkel hat wenige Marotten. Die aber richtig.

Tagtäglich sichtbar sind zum Beispiel ihre Hände und fast immer in derselben Haltung: eine aus beiden Daumen und Zeigefingern geformte Raute, kurze Spitze mit den Daumen nach oben, lange Spitze mit den Zeigefingern nach unten. Ungezählt sind die Fotos, die sie mit dieser Handhaltung zeigen. Diese »Merkel-Raute« wird im Internet lebhaft diskutiert und hat längst auch einen eigenen Namen »Merkelizer«. Wie nicht anders zu erwarten, tobt unter den (selbst ernannten) Experten ein Streit, ob wir es mit einer klassischen Raute zu tun haben oder nicht doch eher mit einem Dreieck respektive einer auf der Spitze stehenden Pyramide. Das wiederum ließe weiteren Raum für Spekulationen über Freimaurerei, die Illuminati und sonst nicht was. Mancher Spötter in Berlin sagt sogar, in Wahrheit kommuniziere Merkel auf diesem Wege mit ihren außerirdischen Auftraggebern. Dreiecks-Spitze nach unten heiße: ›Ich bin hier noch nicht fertig, Auftrag noch nicht erfüllt.‹ Und erst, wenn sie die Spitze des Finger-Dreiecks eines Tages nach oben zeigen lasse, wäre das dann das Signal an das Ufo-Mutterschiff, sie wieder raufzuholen.

Ist vermutlich alles Quatsch, aber unwillkürlich ist man auf den Tag gespannt, an dem Angela Merkel zum ersten Mal ihre Hände andersherum hält. Ich jedenfalls kann sagen, einmal eine ordentlich dotierte Wette mit einem Freund gewonnen zu haben, als ich mich für ein Interview-Foto neben sie mit derselben Handhaltung gestellt habe. Journalisten sind eben auch nur groß gewordene Kinder.

Die Aufklärung, ob Raute, Dreieck und/oder Außerirdische ist am Ende leider recht prosaisch, typisch Merkel eben. Die Haltung der Hände auf Höhe des Bauchnabels helfe ihr, den Rücken gerade zu machen, Körperspannung zu halten, sagt sie auf Nachfrage. Das sei gut für Aufmerksamkeit und Stimme, habe ihr eine Ergotherapeutin geraten, ihre jüngere Schwester Irene. Thomas Steg, ihr Vize-Regierungssprecher in der großen Koalition, erzählt, er habe Merkels Dreieck/Raute meistens dann erlebt, wenn sie guter Laune und gelöst gewesen sei. Bei hoher Konzentration und Anspannung dagegen reibt sie mit den Fingerkuppen der einen Hand in der Innenfläche der anderen im Kreis herum. Was immer das für die Außerirdischen heißt.

Aus Merkels Händen nicht wegzudenken ist ihr Alltags-Handy (das Krypto-Handy kommt nur im Urlaub zum Einsatz). Mehrere Dutzend SMS, nie Mails, verschickt sie pro Tag. Auf die Frage, ob sie auch einmal an die falsche Adresse abschickt, antwortete sie 2006 in einem ZDF-Interview: »Ganz wenige«. Das Gros ihrer Mitteilungen richtet sich ohnehin nur an einige wenige Adressaten in ihrer Umgebung, vor allem kurze Fragen, Terminabsprachen, Erinnerungen. Per SMS ist sie auch am besten zu erreichen, ihre Mailbox hat sie nämlich schon Jahre vor der Kanzlerschaft deaktiviert – um nicht weiter Gefahr zu laufen, eingegangene Nachrichten im Laufe eines Tages zu vergessen und den Absender nicht zurückzurufen.

Tatsächlich ist die Kanzlerin immer »on«. SMS schreibt sie unter dem Pult im Bundestag, an jedem Konferenztisch und gern auch im Stehen oder langsamen Gehen. Rasend schnell und meistens mit den beiden Daumen. Zugleich lässt sie es zu, dass das Lagezentrum des Bundespresseamtes ihr inzwischen rund 70 SMS pro Tag mit aktuellen Ticker-Nachrichten zusendet (Merkels Handy ist stumm geschaltet). Als dieser Dienst für Regierungsmitglieder 2006 startete, war es kaum ein halbes Dutzend pro Tag. So trägt Merkel zur oft beklagten, enormen Verdichtung ihrer Arbeit selber bei und ist zum SMS-Junkie geworden. Der *Spiegel* hat aus beiden Punkten einmal einen klugen Essay über die »Zerhackte Zeit« gemacht. Er gipfelt in einer Szene, wo Merkels Handy bei einem offiziellen Besuch in Südkorea nach der Landung nicht mehr funktioniert und sie eine ganze Autofahrt vom Flughafen in die Innenstadt ohne Anschluss ist. Man habe aus dem Fenster geschaut, erzählte der Regierungssprecher hinterher. Das sei auch mal schön gewesen.

Nicht jeder hat Verständnis für Merkels Info-Sucht, auch in ihrer engsten Umgebung nicht. Von Finanzminister Wolfgang Schäuble ist überliefert, dass er nur den Kopf schüttele über die Versuche, »ein 80 Millionen-Volk per SMS zu regieren«. Manch anderer ist irritiert, wenn Merkel in Gesprächen parallel auf ihrem iPad oder Smartphone zu lesen beginnt. So gesehen ist sie in etwa so modern wie die 15- bis 25-Jährigen, obwohl sie mit dem Internet als gesellschaftlichem Phänomen in Wahrheit nur wenig anfangen kann, mit Shitstorm und Blogs und den Piraten, die sie »Pinnwand« nennt, nicht Partei. Vor allem nervt sie am Internet, was Polit-Berater Michael Spreng »Schwarmfeigheit« nennt, die Anonymität, die alle Hemmschwellen skandalös tief absenke. Ihre eigenen Gehversuche im Netz, vom samstäglichen Video-Podcast, über twitter-»event pages« bei CDU-Parteitagen bis zum Chat-Interview mit der CDU-Basis, sind eher hölzern.

Wer ständig auf Empfang ist, kommt wenig zum Schlafen. Auch das gilt für Angela Merkel, die zugleich aber doppeltes Glück hat. Zum einen kann sie offenbar an jedem Ort schlafen: im Fond der Dienstlimousine, in einem Helikopter und im Bett des Regierungs-Airbusses sowieso. So sammelt sie, wenn es nicht anders geht, viertel- und halbstundenweise den Schlaf ein. Zugleich verfüge sie über eine gewisse »Kamel-Kapazität« beim Schlafen, wie sie selber es nennt. Wenn sie unter der Woche pro Nacht nur vier bis fünf Stunden schlafen könne, reiche ein Tag am Wochenende mit zehn Stunden Schlaf und sie sei wiederhergestellt. Gegner wie Freunde loben ihre Durchhaltefähigkeit, gerade auch bei Nachtsitzungen im EU-Kreis – die oft erst dann zu Ende gehen, wenn manche Regierungschefs ins Bett wollen und deshalb kompromissbereit werden. Unions-Fraktionschef Volker Kauder: »Die Kanzlerin hat kein Problem, die Nächte zum Tag zu machen. Die sitzt und sitzt dann da und nervt die anderen.« Ex-Wirtschaftsminister Michael Glos (CSU): »Was sie in der Lage ist auszuhalten, physisch und psychisch – da reichen nur ganz wenige heran.«

Ihrem außenpolitischen Berater Christoph Heusgen geht es anders, zumindest auf längeren Kanzlerreisen. Sobald Merkel vorn am Pult steht und eine nicht ganz so wichtige Rede hält, kämpft Heusgen in einer der vorderen Stuhlreihen mit dem Schlaf. Meistens verliert er, der Kopf sackt nach vorn. Aber die Euro-Krise überfordert mitunter auch Heusgens Chefin Angela Merkel. Ein CDU-Ministerpräsident erzählte vor nicht langer Zeit, wie sie ihm spät am Abend eine Facette der Probleme schnell noch erklären wollte. »Und dann fielen ihr beim Reden die Augen zu.« Ähnlich ergeht es ihr fast auch im Bundestag, als sie Ende Juni 2012 nach 15 Stunden Verhandlungen über den Europäischen Rettungsfonds (ESM) nur 90 Minuten (im Regierungsflieger) zum Schlafen kommt, danach aufflammende Kritik an den Gipfel-Ergebnissen in der Fraktion niederreden muss – und am Ende eine Regierungserklärung im Bundestag abgibt. Ziemlich fahrig wirkt sie da, ihre Rede ist völlig überladen mit Fachworten, die wie ein Korsett sind, das den Körper aufrecht hält, auch wenn er eigentlich in sich zusammensacken will. Bis 23.00 Uhr geht dieser Tag noch, dann ist wieder einmal eine Etappe in der Euro-Krise geschafft – die letzte vor der nächsten.

Und private Hobbys? Hat die Kanzlerin Hobbys? Nun, in Wahrheit weiß man fast nichts über den Rest von Privatleben, den sie neben der Kanzlerschaft (vielleicht) noch hat. Auch engste, loyale Parteifreunde waren in diesen sieben Jahren kein einziges Mal bei ihr zu Hause, weder in der Berliner Wohnung gegenüber dem Pergamon-Museum noch im Wochenendhaus in der Uckermark. Zu privaten Einladungen kommen zumeist Gäste aus der Wissenschafts-Community ihres Mannes Joachim Sauer. Wie es in den Privaträumen eingerichtet ist, welche Bücher in den Regalen stehen, davon gibt es kein bekanntes Foto, kein einziges. Man darf lediglich wissen, dass die Kanzlerin eine große Blumenfreundin und -kennerin ist, dass sie im Garten der Uckermark-Datsche Gemüse und Kartoffeln zieht und dass sie gern kocht (und isst). Der Regierungssprecher erzählt manchmal, wie er sie am Wochenende in der Uckermark erreicht, wo als Hintergrundgeräusch die Töpfe auf dem Herd klappern. Dass Merkel ihrem Mann gern das Frühstück macht, darf in keinem Magazin-Porträt fehlen, ebenso ihre Rinderroulade und dass sie keine süßen Desserts isst, sondern meist einen Teller mit Käse und Obst bestellt. Als Hobby geht vielleicht auch noch durch, dass sie ein handfester Fußball-Fan ist. Natürlich weiß ein Polit-Profi wie Merkel, dass öffentlich hergezeigte Emotionen bei Fußball-Spielen Millionen Deutschen gut gefallen. Aber wahr ist auch: Sie kann regelrecht fachsimpeln und bekannte öffentlich, dass sie gern einmal mit dem spanischen Nationaltrainer Vincent del Bosque essen gehen würde. Als Bayern München 2012 das Champions League-Finale in den letzten Minuten versemmelte, hat sie keine Stunde später auf einer Auslandsreise im Lift schon die Spiel-Analyse parat: Der Bayern-Coach hätte nie und nimmer Thomas Müller auswechseln dürfen …

Das sind heitere Runden, wenn die Kanzlerin aufdreht. »Sie ist gern … gesellig«, sagt einer, der häufiger dabei ist, zum Beispiel bei den so genannten »Kaminabenden« der CDU/CSU-Ministerpräsidenten am Donnerstag vor einer Bundesrats-Sitzung. Da gibt es auch das eine oder andere Glas Wein, für die Kanzlerin meist weiß, manchmal rot. Sie gilt als durchaus trinkfest, zur Not bis tief in die Nacht. So geht es auch nach den berüchtigten Koalitionsausschüssen im Kanzleramt oft noch Stunden im kleineren Kreis weiter, ob nun zu Zeiten der großen Koalition oder unter Schwarz-Gelb. Aber weil sie eine Frau ist, kann Angela Merkel selbst in reinen Männerrunden immer genau dann Schluss machen, wenn ihr danach ist.

Und sie erzählt gern Witze. Auf die Frage in einem Fragebogen des *SZ-Magazins*, ob sie einen Witz habe, antwortete sie lakonisch: »Immer«. Außerdem kann Merkel verblüffend gut andere Groß-Politiker imitieren. Die Stimmlage von Guido Westerwelle zum Beispiel. Das von äh-Pausen zerhackte Stakkato einer Stoiber-Äußerung. Oder das flirrend Flatterhafte des ehemaligen französischen Staatspräsidenten Nicolas Sarkozy. Das dunkel raunende von Russlands Wieder-Staatschef Wladimir Putin, den klebrigen Altherren-Charme von Italiens Ex-Premier Silvio Berlusconi mit seinem überschwänglichen Englisch mit Italo-Akzent.

Heißt unter dem Strich: Mit den Marotten der Kanzlerin ist es nicht allzu weit her. Sie zelebriert sie nicht wie zum Beispiel ihr SPD-Herausforderer Peer Steinbrück seine Neigung fürs Rauchen, Schach-Spielen oder sein persönliches Wappentier, das Panzer-Nashorn. Nein, Angela Merkel ist normal, ziemlich normal.

Wie macht Angela Merkel Politik? Hat sie einen Standardtrick?

Das A und O, Anfang und Ende beim Politikmachen, das ist für Angela Merkel das Herbeiführen von Gewissheiten. Für sich selbst *vor* einer Entscheidung, für die Bürger *mit* einer Entscheidung. Daraus leitet sich alles ab: alle Taktik, alle Tricks und alles, was sonst noch dazu gehört. Auch alle Beschränkungen oder Fehler, die man der Kanzlerin vorwerfen kann, lassen sich aus diesem archimedischen Punkt ihres Vorgehens erklären. Und was ihr in fast acht Jahren Amtszeit geglückt ist ebenso.

Im Licht dieses einen Begriffs ergeben plötzlich alle Etiketten einen Sinn, die im Laufe der Zeit an ihrem Politikstil haften geblieben sind: Das »Zaudern und Zögern«, die »kleinen Schritte«, die »Physikerin der Macht«, die »asymmetrische Demobilisierung« in Wahlkämpfen, die »Präsidial-Kanzlerin« und natürlich ihr »Erwartungs-Management«, vulgo das notorische Tiefstapeln. Alles Instrumente zum serienmäßigen Verfertigen von Gewissheiten für Bürger, die sich in einer nervösen Welt nach solchen festen Plätzen sehnen. Angela Merkel ist eine sehr professionelle Feste-Plätze-Produzentin: Egal ob es um Personal- oder Sachfragen geht, um Partei oder Regierung – die Kanzlerin geht fast immer über dieselben Etappen bis zu einer politischen Entscheidung. Sie hat diese Art, Politik zu machen, im Laufe der Jahre stetig verfeinert, und zuletzt kam ihr massiv zu Hilfe, dass eine echte europäische Innenpolitik entstand, der sich zu widmen nicht mehr wie früher als »Flucht« vor der eigentlichen, der heimischen Innenpolitik gilt – sondern eine schlichte Notwendigkeit ist. Alternativlos wie jede sichere Gewissheit, würde Angela Merkel sagen.

Und das Ganze geht so: In der ersten Etappe saugt sie sich voll mit zahllosen Daten und Fakten, mit möglichst hochgradig objektiviertem Expertenwissen. Dann kommt eine Phase des Zauderns und Haderns. Dann legt sie sich fest. Und haben der Koalitionsausschuss oder das Kabinett endlich offiziell entschieden, bleibt Angela Merkel oft auch dann noch dabei, wenn sich der Beschluss als Schwachsinn herausstellt. »Nur wer die Entscheidungsfindung er- und durchlitten hat, steht hinterher auch zu dem Verabredeten«, hat sie einmal halb ironisch gesagt. Aber auch halb ernst.

Zuerst also das *Sammeln*. Sie liest, lässt sich vortragen, diskutiert – und speichert ab. »Sie lernt schneller als andere denken«, sagt einer ihrer langjährigen CDU-Rivalen. »Sie ist eine sehr intensive Zuhörerin«, ergänzt ein ehemaliger Minister aus dem Kabinett der großen Koalition. So gesehen ist Merkel ein emphatischer Mensch, denn der Begriff beschreibt ja auch die Fähigkeit, sich in die Rolle des Gegenübers versetzen zu können, durch dessen Brille auf das gemeinsame Problem zu blicken. Unisono wird also gelobt, wie rasant sie Zusammenhänge herstellen kann, wie weit ins Detail und in die Vergangenheit ihr Gedächtnis reicht – so weit, dass Mitarbeiter mit ihr keine Wetten mehr eingehen, wann und wo ein bestimmter Satz gefallen, ein bestimmtes Detail zum ersten Mal aufgetaucht ist. Bei der Gesundheitsreform der großen Koalition zum Beispiel schwärmte die gewiefte SPD-Ministerin Ulla Schmidt zunächst noch vom herrlich leichten Zugang zur Kanzlerin, »binnen zehn Minuten ruft sie meistens zurück«. Das war in Merkels Sammel-Phase, und vielleicht hatte Schmidt die Hoffnung, Merkel mit gezielt vermitteltem Fachwissen ein wenig steuern zu können. Einige Zeit später, auf dem Höhepunkt der Verhandlungen, räumte die langjährige SPD-Ministerin kleinlaut ein, die Kanzlerin sei bestechend gut vorbereitet für das politische Endspiel im Koalitionsausschuss, kein Vergleich zu ihrem früheren Chef Gerhard Schröder bei ähnlichen Gelegenheiten. Ein anderer Minister aus der Zeit sagt heute: »Wenn wir unter Gerhard Schröder nur halb so viel diskutiert hätten wie unter Merkel, dann säße die SPD immer noch im Kanzleramt.« Heißt: Offenbar hatte auch Merkel ihre Gespräche mit der »gegnerischen« Ministerin gut genutzt, hatte allem Anschein nach echte Forscher-Freude an den verschachtelten Zusammenhängen der deutschen Gesundheitspolitik entdeckt. Es wurde geradezu ihr Steckenpferd. Neben etlichen anderen Runden diskutierte sie damals einmal einen ganzen Abend lang im achten Stock des Kanzleramts mit Journalisten, die sich mehrfach beim Fachwissen geschlagen geben mussten.

Vorbereitet zu sein, ist alles für Merkel. Oder, wie sie selbst einmal während komplizierter EU-Verhandlungen sagte: »Ich akzeptiere alles, nur nicht, dass es nicht gut vorbereitet ist. Wir haben über alles mindestens fünf Mal geredet.« Dazu gehört übrigens auch minutiöse Nachbereitung wichtiger Treffen, das sogenannte »debriefing« der wichtigsten

Punkte und Probleme. Das minimiert die Fehler-Anfälligkeit des Systems Merkel.

Schließlich das *Entscheiden*. Am Ende einigten sich Ulla Schmidt und Angela Merkel auf einen Kompromiss, der freilich bei nahezu allen Experten als »nicht Fisch und nicht Fleisch«, als »Gemurkse« oder »allerkleinster gemeinsamer Nenner« durchfiel. Merkel hielt dagegen, in typischer Logik: Mehr als eine Y-förmige Lösung, die SPD oder CDU später, bei anderen Regierungsmehrheiten, in jeweils ihrem (sehr unterschiedlichen) Sinne weiterentwickeln könnten, sei unmöglich gewesen. Von keiner Volkspartei könne verlangt werden, dass sie ihre Grundüberzeugungen bei einem Massen-Thema wie Gesundheitspolitik aufgebe. So sehr Angela Merkel objektivierbares Faktenwissen liebt: Die Grenzen der CDU, auf ein SPD-Modell einzusteigen (und umgekehrt), waren für sie mindestens so unumstößlich wie die demographische Entwicklung oder der Risikostrukturausgleich unter den gesetzlichen Krankenkassen. Und darum verteidigte sie ihren Kompromiss mit Ulla Schmidt nicht resigniert, sondern mit einem gewissen Stolz, dass immerhin dieses Optimum erreicht wurde, eben jener Punkt, an dem die beiden Äste des Y auseinandergehen. Allein: Als Union und FDP im Herbst 2009 die Mehrheit in Bundestag und Bundesrat hatten, auf »ihrem« Ast voranzugehen, unterblieb es trotzdem. An einer neuen großen Gesundheitsreform nach den ursprünglichen, fertig vorliegenden CDU-Plänen versuchte sie sich nicht. Warum nicht, hat sie nie erklärt.

Zurück zur Merkel'schen Politik-Methode: Erst will sie also möglichst große Gewissheit für sich selbst und ihre politische Festlegung produzieren, dann für das Publikum, die

Betroffenen. Vor deren Augen ein gerade erst angekündigtes oder beschlossenes Gesetz wieder zurückzunehmen, beschädigt nach der festen Überzeugung Merkels das Bürger-Vertrauen in Politik mehr, als ein Gesetz mit fragwürdigen Folgen bestehen zu lassen. Die Senkung der Mehrwertsteuer für Hotels zum Beispiel kam im Herbst 2009 nicht auf Merkels Betreiben in den schwarz-gelben Koalitionsvertrag; ebenso wenig das Betreuungsgeld für Mütter, die ihre Kleinkinder zu Hause erziehen und nicht in die Kita schicken. Beides hätte die Koalition besser bleiben lassen sollen, die Hotelsteuer am Anfang, das Betreuungsgeld gegen Ende der Legislaturperiode. Merkel sagt das selbst. Doch sie handelt nicht danach, weil sie die »Verlässlichkeit« der Regierungs-Arbeit für noch wichtiger hält. Aber wer Gewissheiten zu sehr liebt, den fesseln sie. Das ist ihr Problem.

Zwischen Sammeln und Entscheiden liegt das *Zaudern* und Zögern, die »Hader-Phase«, wie Merkel es selber nennt. Weder die Opposition noch ihre unionsinternen Gegner lassen eine Gelegenheit aus, sie deswegen als wahlweise führungsschwach, orientierungslos oder feige zu kritisieren. Sie gehe niemals ein Risiko ein, gebe keine Richtung vor, schwimme nur im Schwarm und lege sich erst fest, wenn sich alle festgelegt hätten. Fast acht Jahre geht das nun, und Angela Merkel hat begriffen, wie angreifbar sie dieses Zögern macht. Deshalb ist sie in die Offensive gegangen: »Ich entscheide die Dinge, wenn ich denke, dass sie reif sind«, hat sie so oder so ähnlich schon etliche Male öffentlich gesagt. Das Zaudern soll nämlich eine Tugend sein und ihr Markenzeichen: ›Seht her, Bürger, ich tue mich schwer, weil ich es mir nicht leicht machen will.‹

Das Problem ist: Beide haben recht. Angela Merkel und ihre Gegner. Denn wozu dient das Zaudern in Wahrheit? Es dient der negativen Auswahl unter verschiedenen Varianten, ein Problem zu lösen. Angela Merkel sortiert unter den zunächst denkbaren Lösungen immer weiter aus oder wartet einfach, bis sich bestimmte Lösungs-Varianten von selbst erledigen. Im Idealfall bleibt dann eine letzte übrig, und die ist folglich »alternativlos«. So denkt nicht mehr »Mutti« Merkel, sondern »Tina«, there is no alternative, Merkel. Und sagt kokett: »Das ist kein Diktat, sondern die Annäherung an die Wirklichkeit.« In Wahrheit ist es der Versuch, aus der Gesellschafts-Wissenschaft namens Politik eine Ingenieurs-Wissenschaft zu machen.

Zum Beispiel, als es im Frühjahr 2010 darum ging, ob das faktisch bankrotte Griechenland allein von den übrigen Euro-Staaten zu retten sei oder ob auch der Internationale Währungsfonds (IWF) mit Know-how und Milliarden teilhaben solle. Merkel saugte auf, lernte schnell, fügte ihre eigenen Erfahrungen mit der Brüsseler EU-Kommission hinzu. Das reichte, um bald ihren eigenen Finanzminister Wolfgang Schäuble zu stoppen. Der hatte zunächst erklärt, es sei eine Frage der Ehre, dass die Europäer ohne den IWF mit der Sache klarkämen. Merkel dagegen wollte den IWF als unparteiischen, unverdächtigen Teilhaber einbinden, doch eine Mehrheit war dagegen. Also wartete Merkel ab, ließ sich von der SPD dafür kritisieren, europaweit als »Madame No« verspotten. Und behielt recht. Die Zeit, die ihr Zögern schaffte, hatte bei den Regierungen der Euro-Zone für eine Beteiligung des IWF gearbeitet – die heute weitgehend unbestritten als kluger Schachzug gilt.

Die Kanzlerin hatte die Sache vom Ende her gedacht: Wenn das griechische Staatsschulden-Desaster auch ein Aufsichtsversagen der Brüsseler EU-Kommission gewesen war, dann dürfe sich das nicht wiederholen. Die Kommission sollte demnach keinesfalls allein die praktische Umsetzung der nötigen Reformen in Griechenland überwachen. O-Ton aus einer internen Lagebesprechung: »Die in Brüssel nehmen sowieso immer nur die positivsten Szenarien, die am wenigsten weh tun.« Hieß: Der IWF musste als selbstbewusste, erfahrene Kontrollinstanz mit ins Boot. Mit ihrem Zögern, das in die gewünschte Richtung wirkte, hat sie das politisch möglich gemacht. Geht doch, sagt sich die Kanzlerin in solchen Momenten.

Wenn ihr Zaudern solche Zwangsläufigkeit tatsächlich stets ergäbe, dann wäre der Trick wohl unschlagbar. Tut es aber nicht. Oder nicht schnell genug. Die Lösung, die am längsten in der Debatte überlebt, ist nicht automatisch die beste.

Denn ebenfalls während der Griechenland-/Euro-Krise machte manch' anderes Zuwarten die Sache nicht unbedingt besser, sondern eher schlimmer. Nicht wenige Experten sagen, dass es der immer wieder umstrittene, etappenweise Ausbau von zunächst netto 250 Milliarden auf heute gut 700 Milliarden Euro war, der dem Euro-Rettungsschirm einen Teil der erhofften Wirkung auf den Finanzmärkten anfangs genommen hat. Diese Verzögerung geht auf das Konto der Kanzlerin, die den Deutschen die Wahrheit über die Euro-Rettung offenbar nur in kleinen Dosen verabreichen wollte. »Nicht wer am schnellsten handelt (bzw. gibt), ist der beste Europäer, sondern wer es richtig macht«, so sagte sie im Bundestag zu ihrer Verteidigung.

In dieser Logik nannte sie es 18 Monate lang »alternativlos«, Griechenland einen Schuldenschnitt zu ersparen. Ende 2011 kam es trotzdem dazu. Den ganzen Sommer 2012 hieß es wiederum, alle weitere Hilfe werde sich ausschließlich aus dem Bericht der Troika aus Europäischer Union, Europäischer Zentralbank und Internationalem Währungsfonds ableiten. Im Herbst galt das nicht mehr. Da bekam Griechenland plötzlich eine Quasi-Garantie für den Verbleib im Euro – von dem Troika-Bericht redete Merkel nur noch am Rande. Aber als Ende 2012 endlich das massiv zu Gunsten Athens veränderte Paket erneut durch den Bundestag geht, steht der nächste Schuldenschnitt für Griechenland schon am Horizont, gut sichtbar. Öffentlich wird er selbstverständlich »ausgeschlossen«, aber hinter den Kulissen gilt er im Frühjahr 2013 bei allen Parteien als »unausweichlich«. Offen nur, ob 2015 oder 2016 vollzogen wird. Und es zählt zu den stärksten Szenen des SPD-Kanzlerkandidaten Peer Steinbrück, wenn er bei Wahlkampf-Auftritten der Kanzlerin zuruft: »Machen Sie sich ehrlich bei Griechenland! Sagen Sie es endlich: Es wird Milliarden kosten, das Land zu retten.«

Merkels Problem: Wer Beschlüsse oder Fristen erst alternativlos nennt, um große Gewissheit zu suggerieren, der macht sich besonders angreifbar, wenn er nachsteuern muss. Weil die Opposition diese Flanke besonders hartnäckig attackiert, reagiert die Kanzlerin entsprechend dünnhäutig: »Ich weiß ja, dass ich ›alternativlos‹ nicht mehr sagen darf.« Sie weiß, sie hat es sich zu einfach gemacht. »Alternativlos« ist eben auch ein anderes Wort für: ›Ich will nicht mehr diskutieren; ihr haltet jetzt alle mal die Klappe.‹ Und so denkt Angela Merkel in Wahrheit weiterhin ziemlich oft. Statt

»alternativlos« sagt die Kanzlerin jetzt: »Scheitert der Euro, scheitert Europa.« Das ist natürlich dasselbe, es klingt nur deutlich besser.

Angela Merkel ist nicht blind für den Preis, den sie für ihre Art von Politik zu zahlen hat. Bei einem EU-Treffen in Cannes Ende 2011 legt der griechische Premier Giorgos Papandreou völlig überraschend den Plan vor, das Volk über die beschlossenen Reform-Auflagen abstimmen zu lassen, derweil die anderen Euro-Staaten aber schon neue Hilfs-Milliarden gewähren sollten. Da machen Merkel und der französische Staatspräsident dem Griechen erregt klar, dass er dann über das Eigentliche, den Austritt seines Landes aus der Euro-Zone, abstimmen lassen müsse. Zum ersten Mal ist der griechische Euro-Austritt in diesem Moment eine echte politische Option – nach fast zwei Jahren Merkel-typischen Zögerns. »Es war der Moment für ein paar bittere Wahrheiten«, sagt die Kanzlerin hinterher. »Die Zeit des Wegguckens ist vorbei.« Auf die Nachfrage, ob sie selbst auch zu diesem Weggucken 18 Monate lang massiv beigetragen habe, kommt Merkel für einen Moment aus dem Tritt. Dann offenbart sie noch einmal ihr Politik-Muster: Sie habe doch erst einmal wenigsten ein paar Institutionen haben müssen, die es so gesehen hätten wie sie. Vielleicht hätten deshalb die griechischen Programme erst zwei oder drei Mal scheitern müssen. Führung fühlt sich anders an, wohl wahr.

Wie sehr eingefahren ihr Politikstil inzwischen ist, für sie selbst wie fürs Publikum, das merkt man immer dann, wenn es plötzlich ganz anders kommt.

Ein solcher Moment ist der späte Nachmittag des 19. Februar 2012, die machtpolitisch hoch heikle Kür des Nachfolgers für den wenige Tage zuvor zurückgetretenen Bundespräsidenten Christian Wulff. Wieder hat Angela Merkel die Sache vom Ende her gedacht, wieder soll Zögern ihre schärfste Waffe sein. Nach zwei vorzeitigen Rücktritten und wegen äußerst knapper Mehrheiten in der Bundesversammlung weiß sie, dass ein überparteilicher Kandidat herauskommen muss. Das ist das Ende, von dem aus sie denkt. Ihr Zögern soll bei SPD und Grünen jene Kräfte stark machen, die einen zweiten Anlauf mit deren ursprünglichem Kandidaten Joachim Gauck nicht wollen. Und diese Kräfte gibt es bis in den Nachmittag des Sonntags hinein; Merkel hat die richtigen Informationen, vor allem aus der SPD-Parteispitze. Was sie nicht sieht, ist das Kalkül der taumelnden FDP, die Kante zeigen und endlich einmal wieder auf der Seite der Mehrheit stehen will. FDP-Chef Philipp Rösler legt sich früh am Nachmittag auf Gauck fest, und er denkt so simpel, wie es eigentlich Merkels Art ist. Er denkt: Wer Gauck verhindern will, der wird es den Menschen draußen nicht erklären können, die warum auch immer allesamt diesen Gauck wollen. Er behält recht: Die SPD dreht bei, die Grünen auch. Die Sache ist nicht mehr zu ändern. Merkel wird in ihrer Königsdisziplin geschlagen, im Vom-Ende-her-Denken.

Auch der andere Moment in acht Jahren Kanzlerschaft, der die so oft »Physikerin« genannte Kanzlerin nach ganz anderen als physikalischen Regeln verfahren lässt, hat ein präzises Datum: 12. März 2011, 15.36 Uhr, der japanische Atomunfall, bei dem mehrere Kraftwerksblöcke in Fukushima heiß laufen, schmelzen, schließlich explodieren. »Das Ende des Atomzeitalters«, schreibt der *Spiegel* auf seinen eilends geänderten Titel. Nicht in Japan, aber in Deutschland.

So sieht es die Kanzlerin auch. Von diesem Ende aus denkt sie alles, was sie in den nächsten Tagen entscheiden wird: die (vermeintlich) zeitweilige Abschaltung von acht älteren Atomkraftwerken in Deutschland; die Einberufung einer Kommission für einen neuen Atomkonsens im Land; die Rückabwicklung der gerade erst sechs Monate alten Laufzeit-Verlängerung, dem einzigen Stück Politik, das die Union/FDP-Koalition von der großen Koalition erkennbar unterschieden hatte. »Das Ende des Atomzeitalters«, von diesem Ende her ist alles gedacht. Aber ganz anders als sonst ist es aus dem Bauch gedacht.

Die Atom-Entscheidung passt nicht ins Muster Merkels, in keinerlei Hinsicht. Ob das zu ihrem Vorteil ausschlägt oder zu ihrem Nachteil, ist nicht ausgemacht. Einen vormals strategisch wichtigen Umweltminister und CDU-Hoffnungsträger hat sie darüber schon verschlissen. Seinem weitaus geschickteren Nachfolger droht dasselbe Schicksal. Der Ausbau gerade der Solarenergie ist außer Kontrolle, die Preise für Strom steigen auch im Jahr 2013 weiter, was die Energiewende stetig mehr in Misskredit bringt. Immerhin: Anfang 2013 versucht der neue Minister Peter Altmaier die Notbremse zu ziehen, doch wie gut es ihm gelingt, steht in den Sternen. Denn das System der föderalen Bundesrepublik ist denkbar ungeeignet, das hochkomplexe Vorhaben zentral zu managen. Gift für die Kanzlerin.

Nur zu einem strategischen Strang passte die Fukushima-Wende bestens: zur Präsidial-Kanzlerin Angela Merkel, die ihre politischen Gegner nicht niederkämpft, sondern deren Puls bis zum Stillstand senkt. In Wahlkampf-Zeiten wie jetzt nennen die Merkel-Vertrauten in der CDU-Zentrale es »asymmetrische Demobilisierung« und sind fürchterlich stolz auf diesen Kniff. Ihnen steckt auch acht Jahre danach noch der Schock der Bundestagswahl 2005 in den Knochen: Mit klirrender Reform-Rhetorik machte Merkel nicht das eigene Lager stark, sondern Gerhard Schröder, den Kanzler einer eigentlich abgewirtschafteten rot-grünen Koalition. Er nutzte jede Angriffsfläche, die Merkel bot, vertauschte ebenso skrupellos wie geschickt die Rollen von Regierung und Opposition – und brachte die CDU an den Rand einer katastrophalen Niederlage. Seitdem bietet die Merkel-CDU in fast allen Wahlkämpfen möglichst wenig Angriffsfläche, trocknet zugleich jene Themen aus, mit denen die politischen Gegner ihre Gefolgsleute traditionell an die Urne bringen. Wie gut das gegen den SPD-Kanzlerkandidaten Peer Steinbrück funktionieren wird, muss sich zeigen. Klar ist nur: Die SPD ist gewarnt. Parteichef Sigmar Gabriel, so wird berichtet, habe sich früh für Steinbrück entschieden und gegen Fraktionschef Frank Walter Steinmeier, und zwar mit dem Satz: »Noch so einen Schlafwagen-Wahlkampf wie 2009 mache ich nicht mit.«

Aber bei allen Problemen der Energiewende könnte die asymmetrische Demobilisierung noch einmal funktionieren: Während sie im Herbst 2013 mit ihren eigenen Trümpfen weiter stechen kann, ist eine große Anti-Atom-Kampagne für die Grünen unmöglich geworden. Ähnlich geht es der SPD mit dem bundesweiten Mindestlohn. Merkels Zugeständnisse und die Beschlüsse der CDU rechtzeitig vor der Wahl waren so etwas wie der (Todes-)Kuss der Dementoren in den Harry-Potter-Romanen. Wenn also am Wahltag 2013 die Unions-Anhänger ihrem Ruf gerecht werden, alles in allem die pflichtbewussteren Wahlgänger zu sein, geht die Rechnung tatsächlich auf. Das ist deshalb so wahrscheinlich, weil Merkels Wahlkampf-Trümpfe auf der präsidialen Höhe einer Euro-Gipfel-Kanzlerschaft wachsen. Wohl gemerkt, diese Entwicklung ist nicht Merkels Verdienst. Aber ihr Vorteil.

Wenn es über Monate, vielleicht Jahre immer neu um das Schicksal des Euro geht, wirkt nämlich aller anderer (heimischer) Streit wie geschrumpft, und wer sich trotzdem darin ergeht, wie ein Zwerg. Solange Angela Merkel die letzte rote Linie nicht überschreitet, solange sie Euro-Bonds und damit eine deutsche Total-Haftung für alle Staatsschulden im Euro-Raum verhindert und der Euro weitgehend heile bleibt, zahlt die Krise auf das Wahl-Konto Merkels ein. Tatsächlich ist in den letzten zwei Jahren eine europäische Innenpolitik entstanden, in der sich nationale Regierungen jetzt so raufen wie sonst nur die Parteien im nationalen Parlament. Die Probleme der griechischen oder spanischen, ja sogar der zypriotischen Banken müssen Bundestags-Abgeordnete inzwischen fast so sehr interessieren wie die Probleme der deutschen Rentenversicherung. Wenn ein weibstoller Party-Clown wie Silvio Berlusconi erst das wichtige Euro-Land Italien in den Reformstau dilettiert und später noch einmal einen Wahlkampf fast gewinnt, dann ist das nichts mehr für die bunten Seiten der Blätter allein. Dann ist das zentral für die deutsche Finanzpolitik und ein Fall für den Bundestag. Und wenn auch noch Frankreich, der wichtigste Europa-Partner überhaupt, sich seit dem Wahlsieg der Sozialisten nötigen Reformen verweigert – dann gehört das europaweit auf die Tagesordnung. Und genau das geschieht: Ein einziger *BILD*-Artikel (»Wird Frankreich das neue Griechenland?«) löste Ende 2012 eine Flut von ähnlichen Berichten aus, gipfelnd auf dem Cover des *Economist* »Die

Bombe in der Mitte Europas«, ein halbes Dutzend französische Baguette-Stangen mit brennender Zündschnur.

Diese grenzüberschreitende Maßstabs-Verschiebung der Probleme und Debatten macht es jeder nationalen Opposition naturgemäß schwerer – und verändert die Rolle einer deutschen Regierungschefin, die immer häufiger mit ausländischen Staats- als mit Berliner Fraktionschefs umgeht. Wenn diese nationale Opposition dann auch noch in allen wichtigen Euro-Fragen an der Seite der Regierung steht, dann lähmt das eine mögliche Wechselstimmung unter den Wählern ganz von selbst.

Und noch ein Problem bringt das Europäische für die deutsche Opposition: Das Präsidiale, Moderierende, das Merkel in den internationalen Runden wie selbstverständlich an den Tag legen kann, passt perfekt zu ihr, viel besser jedenfalls als der »Parteien-Hickhack« der sonst üblichen Innenpolitik. Je mehr Europa zählt, umso mehr ist die Kanzlerin bei sich. Inzwischen referiert sie im montags tagenden CDU-Präsidium oft ausführlich die neuesten Entwicklungen in der Euro-Krise, dann erst kommen die Partei-Interna. »Sie setzt irrsinnig viel voraus, den meisten schwirrt der Kopf bei all den ausländischen Namen und Euro-Sprech-Abkürzungen«, erzählt einer, der regelmäßig teilnimmt. Auf CDU-Parteitagen wiederum gibt sie seit Jahren reine Regierungs-Erklärungen ab. Es sind de facto Aufgüsse ihrer Bundestags-Reden, die eher pflichtschuldig beklatscht werden, obwohl Parteitags-Delegierte am liebsten deftige Attacken auf den Gegner, die »Sozen«, hören wollen. Aber Merkel weiß: Das Wähler-Publikum will es anders. »Die Leute mögen es nicht, wenn ich auf Veranstaltungen schreie.« Präsidial ist, wer nicht schreit.

Paradoxerweise wurde Angela Merkel nicht in der großen Koalition zur überparteilichen Präsidial-Kanzlerin sondern gegen Mitte ihrer zweiten Amtszeit, in der Koalition mit der FDP. Vielleicht ist es dabei nur ein Zufall, aber ein bezeichnender, dass der Bundespräsident sich zur gleichen Zeit in einem Gestrüpp kleiner und großer Affären festläuft und über Wochen bis zu seinem Rücktritt als politische Größe ausfällt. In einer Forsa-Umfrage sagen damals 55 Prozent der Befragten, Merkel wirke »nicht wie eine Parteipolitikerin, sondern eher wie jemand, der über den Parteien« stehe. Auch SPD-Chef Sigmar Gabriel hat ihr das mehrfach auf seine Weise attestiert: Er warnt seine Sozialdemokraten öffentlich davor, beim Bundestagswahlkampf Merkel frontal anzugehen. Das hätte a) sowieso keinen Sinn und b) würden es die Wähler nicht gern sehen.

Dieser wenig polarisierende, präsidiale Grundton übersetzt sich praktisch in die »Politik der kleinen Schritte«, in einen Zuschnitt von politischen Aktionen und Risiken, die auch dann noch beherrschbar bleiben sollen, wenn es mal schiefgeht. Das schließt zugleich vollmundige Ankündigungen aus, die bei Nicht-Gelingen später zum Bumerang werden könnten. Denn wer sich nicht (oder erst denkbar spät) auf ein strategisches Ziel festlegt, der ist für eine ganze Weile nur an der handwerklichen Qualität dieser einzelnen kleinen Schritte zu messen, die noch nicht einmal einer geraden Linie folgen müssen. Der muss auch nicht das Große und Ganze diskutieren und zerpflücken lassen, sondern kann bildlich gesprochen da bleiben, wo man im Schwimmbad schon schwimmen kann – aber auch noch stehen. So hat es Merkel gern, es passt zu ihr.

Als ihr Vorgänger es zeitweilig mit dieser »Politik der ruhigen Hand« versuchte, wirkte das wie aufgesetzt, wie eine falsch geschriebene Rolle für den bekennenden »Straßenfußballer« Gerhard »Acker« Schröder. Bei Angela Merkel dagegen passt die »Politik der kleinen Schritte« sogar zur Art, wie sie sich selber fortbewegt: in kleinen, manchmal trippelnden Schritten. Stochernd, nicht federnd, wenn es leicht bergab geht, etwa einen Hang hinunter. Und wenn das ansonsten deutlich zu oft bemühte Bild von der »Physikerin« einmal stimmt, dann hier. In den kleinen Schritten steckt nämlich unverkennbar der Geist von »trial and error«, von Versuch und Irrtum jener Wissenschaftswelt, in der Angela Merkel von Berufs wegen sozialisiert wurde, bis sie 35 Jahre alt war und die Mauer fiel. Einen »souveränen Umgang mit dem Nicht-Wissen« attestierte ihr der Politikwissenschafter Rudolf Korte jüngst. Und der mache sie beim Publikum überaus glaubwürdig.

Zu ihrem 50. Geburtstag hat sie das demonstrativ nach außen gekehrt und den Hirnforscher Wolf Singer den Fest-Vortrag halten lassen. Wie bestellt lieferte der Professor das neuro-wissenschaftliche Unterfutter einer Politik frei von Visionen, voller Selbstzweifel und »Hader-Phasen«. Singer empfahl der Politik, auf vollmundige Versprechen zu verzichten, nannte »Demut als Utopie«. Wörtlich: »Weil sich evolutionäre Systeme nur nach dem Prinzip von Versuch und Irrtum entfalten, müssen die Versuche aus kleinen Schritten bestehen, damit sich Irrtümer nicht zu fatal auswirken können.« Das war 2004, ein gutes halbes Jahrzehnt, bevor die Euro-Krise eben diese Herangehensweise, das »Fahren auf Sicht«, regierungsamtlich werden ließ.

Von Gerhard Schröder, ihrem Anti-Bild, hat Angela Merkel auch das dazu passende Erwartungs-Management gelernt: lieber tief stapeln, als hoch verlieren. Während bei Schröder der Etat stets »auf Kante genäht« war, sehen die Haushalts- und Verschuldungs-Zahlen unter den Regierungen Merkel in aller Regel im IST besser aus als im SOLL. Ihre Mitarbeiter sind immer wieder virtuos im halb-öffentlichen Herunterreden von Erwartungen, perfekt darin waren sie beim deutschen G-8-Gipfel in Heiligendamm, aus dem immerhin ein medialer Triumph der »Klima-Kanzlerin« wurde. Über etliche Tage hinweg, hatte das Kanzleramt gestreut, noch nicht einmal mit einem ganz kleinen Zugeständnis des bockbeinigen US-Präsidenten George Bush dürfe gerechnet werden. Dann aber, als der erste Gipfeltag lief, wurden plötzlich die Korrespondenten einer Handvoll großer Blätter und TV-Kanäle vom Regierungssprecher beiseitegenommen, auf ein kleines Polizeiboot geführt und über die Ostsee mitten hinein ins streng abgeschirmte Luxushotel Heiligendamm gebracht, den Tagungsort des Gipfeltreffens. Wenig später rang Merkel dem US-Präsidenten vor den Augen der Journalisten einen öffentlichen Halb-Satz ab, der doch wie ein politischer Durchbruch wirkte – zumindest für diesen Moment. Entsprechend (auch in *BILD*) fielen am nächsten Tag die Schlagzeilen aus, euphorisch. Wochen später kam heraus, wie weit diese Inszenierung im voraus geplant war, perfekt eingepasst ins Merkel'sche Erwartungsmanagement.

Nach demselben Muster stellte die Kanzlerin den Deutschen auch nicht ein schnelles Ende der Wirtschafts-, Finanz- und Euro-Krise in Aussicht, sondern ein sehr mühsames. Und konnte sich darin sonnen, dass es dann viel besser kam als angekündigt. Und genauso warnte sie in der Neujahrsansprache, dass 2013 »nicht einfacher, sondern schwieriger« werde – und wird sich gern zur heißen Phase des Wahlkampfes hin eines Besseren belehren lassen. »In der Ruhe liegt die Kraft« steht auf einem kleinen silberfarbenen Würfel auf ihrem Arbeitstisch im Kanzleramt.

Doch die Sache mit der kunstvoll-künstlich zaudernden, präsidial moderierenden, über-nationalen Kanzlerin der kleinen Schritte hat inzwischen ein paar Haken, die in Wahrheit niemandem gefallen können.

Unbestreitbar ist nämlich, dass der beständige Verweis auf so genannt alternativlose Entscheidungszwänge das politische Klima in Deutschland jener »Post-Demokratie« näher bringt, die Colin Crouch in seinem gleichnamigen Buch schildert. Tatsächlich legt sich von der europäischen Ebene kommend ein »Diktat komplexer Konsense« (Ex-Verfassungsrichter Udo di Fabio) über Deutschland. Das Brüsseler Krisenmanagement vornehmlich der Eurozonen-Staaten ist einhergegangen mit mindestens der Gefahr von Ent-Parlamentarisierung: Da bewegen gut ein Dutzend Staats- und Regierungschefs regelmäßig dreistellige Milliardenbeträge, doch ihre nationalen Parlamente haben im Nachhinein nur mehr die Wahl, mit einem Nein-Votum in einer so gravierenden Frage die (eigene) Regierung zu stürzen – oder zuzustimmen. Das stärkt nicht die gewohnte Gewaltenteilung, sondern verändert die Verhältnisse in den nationalen Hauptstädten in Richtung der Brüsseler Zustände. Der Bundestag in Berlin hat sich seine Mitwirkung erstritten; die Nationalversammlung in Paris kann nach wie vor nur zuschauen, wenn der Staatspräsident in Brüssel zweistellige Milliarden-Risiken eingeht.

Erst recht als geborene DDR-Bürgerin ist Angela Merkel eine tief überzeugte Demokratin. Aber sie ist auch ins Machen verliebt, ins Machen im Kreis von Profis. Das passt mit einer naturgemäß trägen deutschen Innenpolitik nicht gut zusammen, und das Bundesverfassungsgericht legt den Finger in diese Wunde. Dass nahezu jedes größere Euro-Gesetz vor den Karlsruher Richtern landet, ist nicht neu. Neu ist jedoch Ton und Schärfe, in dem das Oberste Gericht inzwischen die roten Linien zieht, beispielhaft nachzulesen im Urteil zu den Informationspflichten der Regierung gegenüber dem Deutschen Bundestag: Auch Zwischenstufen und noch gar nicht fertig verhandelte Regelungsentwürfe seien prompt vorzulegen, damit das »Informationsungleichgewicht« zwischen Exekutive und Legislative ausgeglichen werde, das den Bundestag zusehends von einer »inhaltlichen Einflussnahme abschneidet«. Klartext: Auch enormer Zeitdruck oder Nervosität der Märkte sind keine Rechtfertigung, das frei gewählte Parlament vor vollendete Tatsachen zu stellen. Für die Richter gilt Merkels Mantra nicht, dass Europa scheitert, wenn der Euro scheitert. Sie wollen, dass die deutsche Demokratie nicht scheitert. Bis die Methode Merkel an die Grenzen des Grundgesetzes stößt, ist es in Wahrheit also nur eine Frage der Zeit.

Ein anderer Haken heißt Joachim Gauck. Mit ihm stellt sich zum ersten Mal in Merkels Amtszeit ein echter Präsident neben bzw. über die Präsidial-Kanzlerin und noch dazu einer, der das Präsidiale perfekt beherrscht, von spielerisch bis professionell. Es ist, als drücke der nun nicht mehr so freie Himmel über ihr sie ein Stück weit zurück ins Getümmel, ins Kleinklein. Gauck greift einiges von jenem Raum, den seine Vorgänger Wulff und Köhler der Kanzlerin gelassen hatten – und den sie nun wieder hergeben muss. Aber, typisch Merkel: Die Kanzlerin tut einfach so, als hätte sich nichts geändert.

Und der letzte Haken schließlich ist die Piratenpartei. Sie scheint inzwischen an ihren inneren Unzulänglichkeiten und den üblichen Kinderkrankheiten neu gegründeter Parteien zu Grunde zu gehen. Aber eine grelle Warnung bleiben die Piraten dennoch: Ihr zwischenzeitlich rasanter Aufstieg in vier Landesparlamente und in den zweistelligen Prozentbereich von Umfragen hat die Netz- und Spaßguerilla vielen Umständen zu verdanken, aber einem ganz bestimmt: Wenn die Betriebstemperatur im Polit-Labor der Kanzlerin stetig nach unten moderiert wird, wächst nicht nur an den Rändern des Parteienspektrums die Sehnsucht nach neuer Lebendigkeit, Wärme und Frische. Wo vieles in vermeintlicher Alternativlosigkeit endet, wird Spontaneität zum legitimen Selbstzweck – und ignorante Naivität zum Ticket in die Parlamente unserer repräsentativen Demokratie. Auch wenn sie auf den ersten Blick vor allem Grünen, SPD und der Linken Wähler abspenstig machen – die Piraten sind (oder waren) die Antwort eines Teils der Jungen auf das System Merkel, auf das Sedative ihrer Art, Politik zu machen. Denn auch das ist ein roter Faden der Merkel'schen Jahre: Sie hält sich an der Macht, obwohl sie jedesmal von nominal weniger Menschen als zuvor gewählt wird.

Kurzum: Diese Kanzlerin, die stets Gewissheiten produzieren will, erinnert beim Politikmachen an die europäische »Methode Monnet«. Die beschreibt unter dem Namen des wichtigsten Gründervaters der Europäischen Einigung deren gleichermaßen strategisches wie operatives Prinzip: sich immer dort weiterzuentwickeln, wo es gerade möglich ist oder wo eine neue unabweisbare Herausforderung auftaucht. Das ist Merkel pur. Blendend hat sie die europäische Krise nach den gescheiterten Referenden über die EU-Verfassung gemanagt. Sie hat die Euro-Krise auf ihre Art zumindest in den Griff bekommen und nebenbei Deutschland das Kommando in der Euro-Zone übernehmen lassen. Ihr eigenes, selbst erdachtes Projekt einer transatlantischen Wirtschaftspartnerschaft (Tafta) ist dagegen sang- und klanglos eingegangen und hat auch im zweiten Anlauf nicht viel Chancen. Ebenso versandet ist der Anlauf zu einer neuen Sozialpartnerschaft mit Arbeitnehmerbeteiligung an deren Unternehmen, vergessen die Schlagworte der »Wir-Gesellschaft« oder der »Neuen Sozialen Marktwirtschaft«.

Es bleibt dabei: Der Kampf um den Euro kommt der Kanzlerin in jeder Hinsicht zupass. Sie kann Zaudern besser als Zampano und Krise besser als kreativ. Wer sich anderes von ihr wünscht, kann ebenso gut den Mond anbellen.

Hat sie vor irgendetwas richtig Angst?

Angst, physische Angst, gehört nicht zu den Eigenschaften, die man Angela Merkel leichter Hand zuschreiben würde. Das hat mehrere Gründe. Erstens lässt sie sich nicht gern in ihren Gefühlshaushalt blicken, die Fassade hält meisten allen Fragen und Blicken stand. Es hängt, zweitens, damit zusammen, dass Politiker ganz generell keine Angst zeigen dürfen, schon gar nicht öffentlich. Nach den Regeln des Politik-Betriebes ist Angst nämlich ein anderes Wort für Schwäche, also tabu. Und drittens: Angela Merkel hat tatsächlich ziemlich gute Nerven. Wackelige Hubschrauber-Flüge zum Beispiel lassen sie völlig kalt.

Trotzdem ist sie nicht frei von Angst.

In kaum einer Merkel-und-ihr-Zögern-Geschichte fehlt die Anekdote von der jungen Schülerin Angela, die eine ganze Sportstunde auf dem Drei-Meter-Brett des Freibades zubrachte, weil sie vor dem Sprung Angst hatte und sich erst in letzter Minute doch noch überwand. Das ist lange her. Als Kanzlerin spricht Angela Merkel naturgemäß wenig über echte, physische Ängste. Manchmal aber doch, wie in einem Fragebogen des Magazins der *Süddeutschen Zeitung*. Da antwortet sie auf die Frage, wovor sie »Angst« habe: »Bei einem Gewitter ungeschützt zu sein.«

Ausführlicher wurde sie im Januar 2007 nach einer Begegnung mit dem undurchschaubaren Wladimir Putin. Der damalige (und heutige) Präsident Russlands hatte Merkel in seiner opulent ausgestatteten Sommerresidenz in Sotschi auf der Krim empfangen. Die mitgereisten Journalisten standen noch im Raum, als Merkel und er sich in zwei Sessel setzten und den üblichen Smaltalk für die Fernsehkameras aufführten. Dann kam ›Koni‹, Putins Hund – und Merkel spannte sich sofort im Sessel. Putin ließ den schwarzen Labrador vor den Füßen der beiden Platz machen und sagte mit feinem Grinsen: »Ich hoffe, der Hund erschreckt Sie nicht.« Merkel nahm es äußerlich gelassen. Als der Hund sich in Richtung der Journalisten wandte, machte sie auf Russisch sogar einen Witz: »Jetzt frisst der Hund gleich Journalisten.« Darauf Putin, wieder mit feinem Grinsen: »Das ist ein guter Hund.«

In Wahrheit aber wusste der Präsident, dass Hunde der Kanzlerin physisch Angst machen. Mehr noch: Merkel wusste, dass er es wusste. Die Mitarbeiter im Kanzleramt lassen nämlich alle ausländischen Gastgeber Merkels vorab wissen, dass ihre Chefin eine Phobie gegen Hunde habe. Alle halten sich daran, nicht aber Wladimir Putin. Merkel war stinksauer. Tatsächlich ist sie 1995 beim Radfahren in der Uckermark von einem Hund ins Bein gebissen worden und musste im Krankenhaus behandelt werden. Spätestens seit diesem Tag machen ihr Hunde Angst. Menschlich ist das.

Wichtiger fürs Land ist freilich eine andere handfest empfundene Angst der Kanzlerin. Nämlich das Ende des Euro zu verschulden – indem sie eine falsche Entscheidung trifft. Darin steckt die Anmaßung, dass ihre Entscheidungen tatsächlich eine derartige Tragweite entwickeln könnten. Oder präziser:

Darin steckt die Gewissheit, eben nicht mit Gewissheit ausschließen zu können, dass ein einzelner politischer Fehlgriff ihrer Bundesregierung den Euro bersten lassen könnte. Und auf genau diesem »Restrisiko« fußt ihre Politik – und ihre »Angst«, die sie in kleinen Kreisen mehrfach offen beim Namen genannt hat. Wenn etwas fundamental schiefgehe, werde am Ende in jedem Fall sie politisch haften müssen. Nicht ihre Berater im Kanzleramt, auch nicht die vielen Ratgeber, etwa die Chefs von Bundesbank, Internationalem Währungsfonds oder Europäischer Zentralbank. Damit hat sich Merkel abgefunden, damit hadert sie nicht. Aber: Wenn deren Rat einhellig in eine Richtung weise, dann traue sie sich schlichtweg nicht, eine gänzlich andere einzuschlagen. Aus einem Beraterkreis wird Merkel von einem Teilnehmer so zitiert: »Wenn mir der EZB-Präsident, der Chef der Bundesbank und der IWF-Chef sagen, das und das dürfen Sie nicht machen, Frau Merkel, oder der Euro fliegt in die Luft. Was soll ich dann machen? Ich will nicht als die Frau in die Geschichte eingehen, die den Euro in die Luft gejagt hat.« Sie sei schließlich Politikerin, keine Expertin, sie müsse sich darauf verlassen – auch wenn sie seit Ausbruch der Finanzkrise vor fünf Jahren eine stetig wachsende Abneigung gegen »Experten« aller Couleur entwickelt hat, die manchmal an Verachtung nicht nur grenzt. Oder wie der Verfassungsrichter Udo di Fabio es in einem Vortrag formulierte: »Die Politik hat sich unter wissenschaftlicher Anleitung (…) in eine finanzwirtschaftliche Malaise hineinmanövriert, so dass sie jetzt womöglich gar nicht mehr auf Sachverstand hören will.«

Trotzdem hat Merkel manche ihrer Kurswechsel aus Angst vollführt, mit einer anderen Haltung allein gegen den

Mainstream des offiziellen Sachverstandes zu stehen – und den Euro womöglich auseinanderzureißen. Deshalb war für sie (wie für alle anderen) eine Umschuldung des Pleite-Staates von 2010 bis Ende 2011 »das Eingeständnis, dass selbst der Euro-Raum nicht mehr sicher ist vor Staatspleiten« – und darum tabu. Später dann, im Frühjahr 2012, ging es unter dem Druck veränderter Einschätzungen doch: Die privaten Gläubiger, vor allem Banken und Versicherungen, erließen den Griechen mehr als 50 Prozent ihrer Schulden. Der Euro blieb ganz.

Davor jedoch lagen mehrere Momente, in denen der Druck von außen und ihre eigenen Ängste Angela Merkel schwer zusetzten. SPD-Fraktionschef Frank Walter Steinmeier erinnert sich, dass Ende Oktober 2011 Frankreich und Deutschland im Streit um den Euro-Rettungsschirm derart über Kreuz liegen, dass Merkel einen EU-Gipfel vertagen will. Das Sonder-Treffen ist auf Drängen von Frankreichs Staatspräsident Nicolas Sarkozy in diesem Moment aber schon offiziell angekündigt: Merkel soll in Brüssel zum Einlenken gezwungen werden. Da ruft sie einige Fraktionschefs der Parteien im Bundestag an, unter anderem Steinmeier. »Die bewegen sich keinen Millimeter«, habe Merkel ihm am Telefon gesagt, erzählte er hinterher Vertrauten. »Und ihre Stimme zitterte.« Am Ende wird der Gipfel in zwei geteilt, Merkel gewinnt genug Zeit, um mit Sarkozy einen der gewohnten deutsch-französischen Kompromisse auszuhandeln. Die Lage beruhigt sich. Der Moment der Angst, den Steinmeier am Telefon erlebt hatte, ist vorüber.

Angst ist ein schlechter Ratgeber, sagt ein englisches Sprichwort. Das würde Angela Merkel nicht unterschreiben. Ihre ehrliche Angst vor dem einen Fehltritt mit unabsehbaren

Folgen ist einer ihrer wichtigsten Ratgeber. Sie lehne eine »Mutprobe« mit dem Euro ab, sagte sie einmal kurz und bündig. Sie hat diese Angst vor Unkontrollierbarkeit und möglichem Kontrollverlust zum Ausschlusskriterium für alle politischen Optionen gemacht, die ein solches Risiko bergen oder bloß bergen könnten. Und zwar nicht nur beim Euro, sondern bei jeder halbwegs wichtigen Frage, vor die sie sich gestellt sieht. Dass man ihr deshalb immer wieder »Führungsschwäche« vorwirft, nimmt sie in Kauf. Sie kann ganz gut leben mit ihrer Angst. Man könnte deshalb meinen, Angela Merkel hält es mit einem Satz des russischen Schriftstellers Maxim Gorki: »Angst ist für die Seele ebenso gesund wie ein Bad für den Körper.«

Gibt es überhaupt jemanden, dem Angela Merkel vertraut? Und wer ist alles unten durch bei ihr?

Am Duzen kann man es jedenfalls nicht ablesen, das mit dem Vertrauen. Mit ihren beiden engsten Beraterinnen, mit Büroleiterin Beate Baumann und Medien-Beraterin Eva Christiansen, siezt sich Angela Merkel bis heute. Beide haben sie durch alle Tiefen und auf alle Höhen begleitet, aber man sieht: Das gar zu gern als der innerste aller inneren Kreise beschriebene »girls camp« hat es nicht so mit dem Du. Baumann redet die Kanzlerin in kleinen Runden mit »Frau Merkel« an, sobald Außenstehende dabei sind mit »Frau Bundeskanzlerin«. Das suggeriert Distanz, aber ihr Einfluss auf die Kanzlerin wird ganz anders eingeschätzt. Beate Baumann heißt in manchen Berliner Kreisen auch »Rasputina«, die weibliche Variante des Einflüsterers am Zarenhof. Näher dran geht nicht.

Dagegen nennt Angela Merkel viele, vor allem hochrangige CDU-Parteifreunde, beim Vornamen und duzt sie. Darunter sind nachweislich auch etliche, denen sie nicht wirklich vertraut, weil sie ihre, Merkels, Grundregeln über Erwerb und Erhalt von Vertrauen nicht befolgen. Unter Geduzten sind sogar einige Partei»freunde«, denen sie definitiv misstraut oder besser gesagt: alles Mögliche zutraut. Dazu gehören oder gehörten langjährige CDU-Weggefährten wie Friedrich Merz,

Christian Wulff, aber auch Edmund Stoiber und der amtierende CSU-Chef Horst Seehofer. Ebenso wie alle amtierenden CDU-Ministerpräsidenten werden sie in der Öffentlichkeit geduzt, weil es der Partei-Comment so verlangt. Das fällt Angela Merkel schwer, denn sie ist eine notorische »Schwer-Duzerin« und findet: Nähe kann nötig sein oder unausweichlich, aber niemals ist sie ein Wert an sich. Wenn sie wählen müsste zwischen Profis oder Kumpeln, würde sie nicht lange zögern.

Merkel-Interpreten mit einer Neigung zum Psychologisieren erkennen darin die Prägung durch ihr Außenseiter-Dasein in der DDR. Tatsächlich spricht die Kanzlerin regelmäßig von der damals stets wachen Sorge, einen Augenblick lang zu viel offene Nähe zuzulassen. »Was kannste sagen, wie weit kannste gehen«, hätten sich viele Menschen täglich gefragt in der DDR, beileibe nicht nur offen Oppositionelle. Unter diesem Schatten habe sie die Kindheit als Pfarrerstochter zugebracht, und diese Vorsicht, dieses Auf-der-Hut-Sein habe sie auch durch das ideologisch unverfängliche Physik-Studium begleitet.

Wohl auch deshalb sagen nicht wenige, gerade in ihrer Partei: Angela Merkel tut sich enorm schwer, Vertrauen zu gewähren. Sie sei geradezu unfähig zu vertrauen und darum unfähig, im Team zu spielen. »Man muss auch Vertrauen geben können – und nicht immer nur denken: Wer könnte mir gefährlich werden«, sagte ein CDU-Ministerpräsident vor nicht allzu langer Zeit über sie. »Angela Merkel könnte viel gelassener sein.« Aber das Merkel-Umfeld habe Angst und werde vor allem nach Loyalität ausgewählt. Wer dagegen das Zeug zum Rivalen habe, der sei von vornherein vom innersten Vertrauenszirkel ausgeschlossen. Wahr daran ist: Wer sein

Misstrauen so wach halten wollte, wie es in der DDR angezeigt schien, der hatte wohl ein paar sehr klare, überprüfbare Bedingungen, an die er sein Vertrauen knüpfte. Und die eben nicht jeder erfüllt. Angela Merkel hat solche Bedingungen. Sie sind so simpel wie absolut. Sie heißen, im In- wie im Ausland und egal bei wem: Verschwiegenheit und Verlässlichkeit. Danach kommt lange nichts. Und es kommen nicht allzu viele, die der Prüfung standhalten.

Ein Beleg unter vielen, vielen dafür: Über Guido Westerwelle sagte Merkel jahrelang auf die Frage nach dessen größten Stärken immer dasselbe – seine Verschwiegenheit, seine Verlässlichkeit bei politischen Absprachen. Endgültig entstanden war das Verhältnis bei einem halb-privaten Abendessen im Berliner Haus der FDP-nahen Beraterin Margarita Mathiopoulos Ende 2003. Merkel und Westerwelle zogen sich für eine Weile in einen Nebenraum zurück, so wird erzählt. Als sie wieder herauskamen, duzten sie einander und hatten etwas Bestimmtes in Sachen der nahenden Bundespräsidentenwahl abgesprochen – das nie an die Öffentlichkeit kam. Auch als Westerwelle nach der Bundestagswahl 2005 sensationell standhaft blieb und in die Opposition statt in eine Ampel-Regierung unter Gerhard Schröder ging; auch als er 2009 die FDP zu einem wahrhaft historischen Ergebnis führte, blieb Merkel dabei: Guidos größte Stärken seien Verschwiegenheit und Verlässlichkeit beim Einhalten politischer Absprachen. Und als es wenig später steil bergab ging, es nicht zuletzt Westerwelles Fehler und Schwächen waren, welche die schwarz-gelbe Regierung insgesamt in Mitleidenschaft zogen – Merkel hielt ihm die Treue. Das änderte sich nicht, als Westerwelle den Parteivorsitz und damit auch den Rang des Vize-Kanzlers abgeben musste, im Gegenteil. Westerwelle behielt ihr Vertrauen, dessen Wort sein Gewicht. Warum? (Auch) weil sie niemanden kenne, der, noch einmal, so »verschwiegen und verlässlich« sei wie Guido Westerwelle, wenn es darauf ankomme.

Andersherum hat sie Sigmar Gabriel bis heute nicht vergessen, dass er eine »Vier-Augen«-SMS öffentlich machte. Als der damalige Bundespräsident Horst Köhler im Frühjahr 2010 völlig überraschend sein Amt hinwarf, bot der SPD-Chef der Kanzlerin die Absprache auf einen gemeinsamen Kandidaten an. Vermutlich war es ernst gemeint, eine Chance, doch Merkel lehnte ab. Sie hatte einen anderen Plan, warum auch nicht. Wenig später fand sich, entsprechend intoniert, der Wortlaut der SMS im *Spiegel* wieder; Merkel schäumte kurz vor Wut – und hatte in diesem Moment Gabriel gleichsam abgebucht. Wer ihr einen Brief schreibt und ihn zugleich öffentlich macht, der kriegt aus Prinzip keine Antwort.

Natürlich weiß sie, dass sie den SPD-Chef nicht ignorieren kann, schließlich steht für Merkel ein Parteichef stets an der obersten Stelle der Hierarchie. Absprachen, zum Beispiel im Bundesrat, wird sie mit ihm also weiter treffen müssen. SMS schickt sie ihm längst auch wieder, spätestens seit den Verhandlungen über den Nachfolger von Wulff. Aber Vertrauen in ihrem Sinne des Wortes hat sie bis auf weiteres nicht zu ihm, und das hängt nicht an der SPD-Parteifarbe Gabriels. Der damalige SPD-Finanzminister Peer Steinbrück lobte sie deswegen zu Zeiten der großen Koalition: »Es gilt bei ihr strikte Vertraulichkeit. Sie hat mir gesagt, sie instrumentalisiert mich nicht gegen meine Partei, ich habe dasselbe zugesichert. Und sie hat sich immer daran gehalten.«

Was Steinbrück da an ihr so sehr wertschätzte, das sucht Angela Merkel in Wahrheit auch bei ihren Gegenübern: Echtes Vertrauen schenkt sie nur jenen, die in vielem so sind wie sie selbst. Sie investiert gleichsam auf Basis, ja ihres Selbstvertrauens und ihrer Selbstsicht. Bestes Beispiel dafür ist Merkels Vertrauensverhältnis zu Anette Schavan, der kürzlich wegen Plagiats-Vorwürfen gegen ihre Doktorarbeit zurückgetretenen Bundesbildungsministerin. Wie nahe sie sich standen, wurde, typisch Merkel, erst in den acht Minuten sichtbar, die beide vor den Kameras Anfang Februar Schavans Rücktritt bekannt gaben – ein Moment seltener Wärme im ansonsten so kühlen Politik-Geschäft. Da standen zwei Frauen mittleren Alters, die einander als Gefährtinnen, nicht als Rivalinnen betrachteten, und das über mehr als ein Jahrzehnt. Beide unprätentiös bis zur Farblosigkeit, beide lieber respektierte Expertinnen als scharfzüngige Ideologinnen. Und beide stets verschwiegen, diskret, loyal. Kein Wunder, dass dieser Abschied Merkel besonders naheging. Manch ein Journalist, der dabei war, wollte hinterher einen feuchten Schimmer in den Augen der Kanzlerin erkannt haben.

Was sie in Anette Schavan gefunden hatte, verlangt Angela Merkel auch von ihren engsten Beratern im Kanzleramt. Die wissen sehr genau, was sie können, aber sie halten sich im Hintergrund. Sie plaudern nicht aus dem Nähkästchen. Die meisten von ihnen erklären lieber »Sachverhalte« als die politische Strategie der »Chefin«, wie sie Merkel nennen. Und sie alle arbeiten hart. Das wird erwartet. Den Dauer-Rekord in dieser Disziplin hält vermutlich der ehemalige Regierungssprecher Uli Wilhelm. Auf einer der letzten Merkel-Reisen vor seinem Abschied an die Spitze des Bayerischen Rundfunks erzählte er: Wenn Merkel oft genug nach einem 14-Stunden-Tag ins Bett gegangen sei, habe er selbst nicht selten noch ein, zwei Stunden Aufträge abgearbeitet, Notizen ausgeschrieben, Telefonate erledigt und sei schließlich mit den Kommentar-Auszügen der Regionalblätter ins Bett gegangen.

Der heutige Bundesbank-Präsident Jens Weidmann diente Merkel fast sechs Jahre lang als wirtschaftspolitischer Berater und internationaler Gipfel-Verhandler. Er erinnert sich, wie auf dem ersten Höhepunkt der Finanzkrise, nach dem Zusammenbruch der US-Investmentbank Lehman Brothers, die Regierungen weltweit »fassungslos, in heller Aufregung« gewesen seien. Er und seinesgleichen in den wichtigsten Hauptstädten der Welt hätten rund um die Uhr Kontakt gehalten; mehrfach habe er aus dem Kinderzimmer seiner Tochter Telefon-Schaltkonferenzen mit seinen Unterhändler-Partnern der G-7-Staaten geführt, Milliarden hin und her gewogen. Im April 2009 verpasst Weidmann fast die Kommunion des Mädchens wegen einer Kanzler-Reise.

Merkel geht vor. Immer. Zu jeder Tages- und Nachtzeit. Auch das ist ein Preis für das Vertrauen. Wer ihn zahlt, gehört dazu, aber viel Lob darf man nicht erwarten. Damit geht Angela Merkel eher sparsam um. Nicht kritisiert, ist genug gelobt, lautet eine Macho-Büroweisheit. Ein bisschen danach klingt es, wenn nach einem der vielen Finanzgipfel-Treffen einer ihrer Mitarbeiter erzählt: »Die Kanzlerin hat gesagt, sie sei ›*sehr* zufrieden‹. Das sagt sie ganz selten …«

Andersherum reagiert sie allergisch auf Mitarbeiter, die vorschnell behaupten, etwas zu wissen, aber im entscheidenden Moment nicht liefern können. Nachweislich unter diesem

Generalverdacht stehen die meisten deutschen Botschafter im Ausland. Traditionell dürfen (oder müssen) sie die Begleitung der Kanzlerin bei Auslandsbesuchen übernehmen, aber haben sich dabei in Summe offenbar derart ungeschickt angestellt, dass Merkel das inzwischen vermeidet. Heißt: Anders als früher dürfen die Botschafter während des Besuchsprogramms nicht jeden Weg mit Merkel in ihrer Limousine fahren, sondern nur noch den vom Flughafen zum allerersten Termin. »Sie hat sich einfach zu oft geärgert«, heißt es. Über Geschwätzigkeit und Wichtigtuerei ebenso wie über ideenloses Schweigen.

In ihrer Berliner Wagenburg, im Kanzleramt, würde Merkel das noch weniger akzeptieren. Hier, in den Beraterrunden wie der oft zitierten »Morgenlage« um 8.30 Uhr, gilt das offene Wort, so weit man weiß. Manöverkritik ist erwünscht, kurze, klare Sätze strikt erbeten und der Vortragende wird hart befragt. Wer das alles aushält, den will Angela Merkel am liebsten für immer halten. Nicht wenige ihrer verschwiegenen Vertrauten sind Weggefährten fast von Anfang an. Beate Baumann wurde ihr als Büroleiterin für ihren ersten Ministerposten empfohlen. Den heutigen Verteidigungsminister Thomas de Maizière kennt Merkel aus der Wendezeit, als sie dank seiner Geistesgegenwart stellvertretende Regierungssprecherin bei dessen Vetter Lothar de Maizière wurde. In ihr erstes Ministerium unter Helmut Kohl holte Merkel 1990/91 als Staatssekretäre Willy Hausmann und Peter Hintze. Sie haben bis heute besonderen, direkten Zugang zur Kanzlerin. Ronald Pofalla (Kanzleramtsminister), Peter Altmaier (Umwelt) und Hermann Gröhe (CDU-Generalsekretär) sind seit mindestens einem Jahrzehnt in verschiedenen Funktionen an ihrer Seite.

Veränderungen in diesem Nah-Feld sind der Kanzlerin ein Gräuel. Vertrauen neu zu fassen, findet sie anstrengend. Personalentscheidungen schiebt sie deshalb am liebsten auf, bis es gar nicht mehr anders geht. Als es um die Nachfolge von Regierungssprecher Wilhelm ging, sprach der sie mehrfach darauf an, dass nun langsam Suche und Auswahl beginnen müsse. Aber Merkel schüttelte über Monate nur immer wieder den Kopf. Sie wollte einfach nicht.

Merkel verdrängt wichtige Personalentscheidungen oder -wechsel? Tatsächlich, diesen Eindruck musste auch bekommen, wer sie auf dem Rückflug vom G-20-Gipfel in Pittsburgh in der Nacht vom 25. auf den 26. September 2009 beobachtete, unmittelbar vor der Bundestagswahl. Die Kanzlerin und ihr SPD-Finanzminister Peer Steinbrück sind da noch voll der Eindrücke aus den Verhandlungsrunden, während die mitreisenden Journalisten die bevorstehende Wahl fixiert haben. Weil die SPD hoffnungslos zurückliegt, wird Steinbrück beäugt wie einer, der den Kopf schon unter dem Arm trägt. Aber die beiden, umdrängt von Journalisten, reden und diskutieren in der Kabine über die G-20-Beschlüsse – als gäbe es kein Morgen. Als gäbe es keine Wahl. Bizarr.

Und wer ist nun unten durch bei Angela Merkel? Eine Antwort, ganz generell: Nicht jene, die ihr offen widersprechen. Aber all jene, die sie unterschätzen, die sie über den Tisch ziehen oder für dumm verkaufen wollen.

Ein Beispiel aus der ersten Kategorie: die CDU-Ministerpräsidentin des Saarlands Annegret Kramp-Karrenbauer. Sie ließ am 6. Januar 2012 ihre Koalition mit der FDP platzen, obwohl Merkel sie inständig gebeten hatte, nicht ausgerechnet die so wichtige Dreikönig-Rede des angeschlagenen FDP-Chefs

Rösler damit zu überschatten. Die Kanzlerin drängte regelrecht am Telefon, bitte, bitte nicht ausgerechnet am 6. Januar. Doch Kramp-Karrenbauer blieb hart, gab der FDP den Laufpass, drehte im folgenden Wahlkampf die Stimmung zu ihren Gunsten und führt nun eine große Koalition an. Seitdem steht sie bei Merkel hoch in Gunst und Vertrauen: eigenen Kopf gehabt, Erfolg gehabt – das gefällt ihr, wobei ein eigener Kopf *ohne* Erfolg für Merkel nichts wert gewesen wäre.

Zur anderen Kategorie zählt paradoxerweise – eben jener Philipp Rösler. Zu Anfang der schwarz-gelben Koalition hielt Angela Merkel große Stücke auf ihn, seine Unbefangenheit und sein politisches Talent. Sie zollte ihm großen Resepkt, als er in einer extrem komplizierten Lage den Vorsitz seiner Partei zu übernehmen hatte. Doch als Rösler die Kanzlerin bei der Kür von Joachim Gauck zum Bundespräsidenten matt setzte, war er in Merkels Wahrnehmung in einem entscheidenden Moment unter vier Augen nicht ehrlich, auch auf Nachfrage nicht. In den Tagen danach machte der FDP-Chef das Maß voll, indem er sich öffentlich in Siegerpose warf und in einer TV-Talkshow minutenlang Merkel mit einem Frosch verglich, der in einem Topf voll Wasser auf dem Herd nicht merkt, dass er langsam zu Tode gegart wird. Die Kanzlerin schüttelte insgeheim den Kopf, ihr Urteil ist gefällt: unten durch. Wegen Unaufrichtigkeit, als es darauf ankam. Und wegen Unfähigkeit, mit einem heiklen Erfolg umzugehen. Daran scheint auch Röslers machtpolitisches Meisterstück nichts Entscheidendes geändert zu haben – sein Ausmanövrieren von FDP-Fraktionschef Rainer Brüderle als Rivale um das Amt des Parteichefs. Merkels ohnmächtige Wut an dem Nachmittag der Gauck-Kür war damals zwar ziemlich rasch verraucht. Aber eben nicht vergessen, über Wochen herrschte weitgehend Funkstille zwischen den beiden. In ihren eigenen Worten im Gespräch mit Hugo Müller-Vogg 2003: »Ich kann über längere Zeit meine Wut verbergen, bis alle denken, da passiert nichts mehr. Und dann kracht es doch.«

Unter denen, die unten durch sind, finden sich zudem bemerkenswert viele, die einen bestimmten »breitbeinigen« Typus Mann darstellen: Eitle Windmacher aller Art, Basta-Boliden und solche, deren Rotwein-Flasche im Restaurant vierstellig kosten muss. Aus Sicht Angela Merkels findet sich dieser Typus besonders häufig unter deutschen Konzern-Chefs wieder. Das beginnt bei Klaus Zumwinkel, dem ehemaligen Post-Chef. Zumwinkel hatte der Kanzlerin einst mit Bibel-Zitaten den Mindestlohn nahebringen wollen, so erzählen Teilnehmer der Runde. Später ermittelte die Staatsanwaltschaft wegen Steuerhinterziehung gegen ihn. Ebenso in Ungnade fiel unter anderem der damalige RWE-Chef Jürgen Grossmann, der bei einem gemeinsamen Besuch im AKW-Schaltraum seine massige Figur für ein Foto so hinter Merkel aufbaute, als hätte er das Sagen – und sie wäre nur das »Mädchen«, aber nicht das von Helmut Kohl, sondern seines. Unten durch ist aber auch der Typus Wirtschafts-Experte, den Hans-Werner Sinn vom Münchner Ifo-Institut verkörpert. Stellvertretend für einen größeren Teil seiner Zunft wirft Merkel ihm vor, sich mit immer dramatischeren Warnungen seit dem Beginn der Krise 2008 öffentlich nur wichtig machen zu wollen: ohne auch nur den kleinsten Abstrich an der eigenen Selbstgewissheit, obwohl eben diese Professoren die Wirtschafts- und Finanzkrise allesamt nicht hätten kommen sehen – nun aber genau wüssten, wie ihr lehrbuchmäßig zu begegnen sei.

Nein, insgesamt ist das Verhältnis zur »Wirtschaft« nicht mehr so, dass man von Vertrauen in Merkel'schen Dimensionen reden könnte. Zwei, drei Schlüsselerlebnisse haben maßgeblich dazu beigetragen. Dazu zählt das Wehklagen der deutschen Autohersteller bei der Einführung von Abgasnormen, das sich hinterher als massiv überzogen herausstellte. Dazu zählen auch die vielfältigen Versuche der vier großen Stromkonzerne, an der zwischenzeitlich beschlossenen Atom-Laufzeitverlängerung maximal zu verdienen und von den *windfall profits* möglichst wenig an den Staat abzutreten. Nun ist Angela Merkel nicht naiv und weiß, dass Unternehmen mit gutem Recht auf Gewinn getrimmt sind. Trotzdem ärgert es sie maßlos, dass man nie wisse, ob es wirklich so schlimm sei, wie es von der Wirtschaft gemacht werde. Es ist fast paradox: Was Angela Merkel an den Wirtschafts-Bossen ärgert, ist etwas, was man typisch politisch nennen könnte. Als würde sie es wundern, wenn die Herren knallhart ihre Interessen verfolgen.

Besonders gern aber spottet die Kanzlerin über die Unentschlossenheit der Verbände und Vorstände – die ihrerseits besonders gern Entschlossenheit von der Politik fordern und ausgesprochen-unausgesprochen mit dem Satz auftreten, dass in Deutschland alles viel besser laufen würde, wenn das Land nur »geführt würde wie ein richtiges Unternehmen«. Deutschland ist aber kein Unternehmen, sondern eine hochkomplexe, noch dazu föderale, organisierte Parlaments-Demokratie. Und wer noch nicht einmal das begreift, würde Angela Merkel sagen, der kann auch kein großes Unternehmen führen, zumindest nicht in Deutschland. Dessen Nähe müsse sie demzufolge auch nicht suchen. Eine der wenigen großen Ausnahmen sind für sie die Chefs von VW, Martin Winterkorn, der Post, Frank Appel, und der Siemens-Vorstandsvorsitzende, Peter Löscher. Sie schätzt, vor allem bei Löscher, den zupackenden Optimismus.

Heißt unter dem Strich: Obwohl sie pflichtschuldig große Wirtschafts-Delegationen mit auf Reisen nimmt und ihnen vor Ort viel Zeit widmet, wird Angela Merkel wohl nie mehr ein »Genosse der Bosse« wie ihr Vorgänger Gerhard Schröder. Es ist einfach nicht ihr Milieu. Und nach einer kurzen Zeit im Kanzleramt hatte sie außerdem begriffen, dass die meisten Wirtschafts-Chefs kaum einen Unterschied zwischen SPD und CDU machen, sondern nur den meist bemitleidens- oder verachtenswerten Politiker sehen. So schlecht also viele in den oberen Konzern- und Verbandsetagen über Merkel denken, so schlecht denkt sie zurück. Der Vorstandschef eines Dax-30-Konzerns sagte jüngst über das Verhältnis Merkels zur Wirtschaft: »Wir sind bei Angela Merkel inzwischen da, wo wir in den letzten Jahren mit Helmut Kohl waren.« Bei gegenseitigem Nicht-Verstehen und Misstrauen.

Dieses Misstrauen dagegen richtet sich ausdrücklich auch gegen die Banken. Zu deren lange Jahre erstem Vertreter in Deutschland, dem damaligen Deutsche-Bank-Chef Josef Ackermann, hatte sie zuletzt ein gespaltenes Verhältnis. Zu seinen beiden Nachfolgern, Jürgen Fitschen und Anshu Jain, hat sie noch keine intensive Verbindung, kein Vergleich zu Ackermann. Den hielt Merkel einerseits für den mit Abstand Schlausten unter seinesgleichen (und bewunderte ihn dafür). Andererseits ist sie bis heute stinksauer, mit welcher Nonchalance Ackermann oftmals ignoriert habe, unter welchen politischen Zwängen sie, Merkel, Beschlüsse entwickeln und fassen müsse. Auch hier scheint ihr Urteil gefällt: unten durch. Ein Abendessen für Ackermann wie das zu seinem 60. Geburtstag würde sie nicht noch einmal geben (und er würde es nicht noch einmal annehmen). Stattdessen hat sie inzwischen mehrfach diesen Satz auf Ackermann und die ganze Bankenwelt gemünzt: »Manch einer, der in der Finanzwirtschaft arbeitet, riskiert schon wieder eine dicke Lippe.«

Wichtige deutsche Bankchefs wiederum werfen Merkel und ihrem Finanzminister vor, ihr Wort gebrochen zu haben. Vor allem Wolfgang Schäuble habe in vertraulichen Runden zu Beginn der griechischen Schuldenkrise ein »gentlemen's agreement« angeboten: Die Banken mögen bitte die Anleihen des Landes nicht abstoßen und damit die Lage weiter verschärfen. Dafür garantiere er, dass es zu einem Schuldenschnitt nicht kommen werde. Der kam 18 Monate später aber doch – und die Banker fühlen sich hintergangen. Der Graben ist tief. Unter einer Kanzlerin Merkel wird er nicht mehr zu schließen sein.

Das Ganze beruht freilich auch auf einem Missverständnis: Wortführer wichtiger Branchen, großer Unternehmen und Banken verfolgen ihre (legitimen) Interessen immer noch allzu oft im öffentlichen Raum, ohne das Politische mitzudenken. Ohne in Rechnung zu stellen, wie Politik funktioniert und beständig um Mehrheiten ringen muss. Umgekehrt scheint Angela Merkel nicht zu begreifen, dass mindestens börsennotierte Unternehmen den Gesetzen ihrer Sphäre zu folgen haben, die ebenso wenig auszuhebeln sind wie die politischen. Für Josef Ackermann war der Satz »Wir würden uns schämen, Staatsgeld zu nehmen« bares Geld wert, verschaffte der Deutschen Bank international Vertrauen und Bonität. Für

Angela Merkel war derselbe Satz eine Frechheit, weil er die politisch ohnehin heikle Banken-Rettung mit Steuergeldern auch noch verhöhnte. Und nun?

Man lebt in zwei Regelkreisen, in zwei Welten. In Hintergrundkreisen wird gespottet und werden die Köpfe geschüttelt. Die einen über die Politik, »die von Wirtschaft nichts versteht«. Und die anderen, die Politiker, über die Wirtschaft, die »nicht begreift, dass sie an dem Ast sägt, auf dem sie sitzt«. Die Runden unterscheiden sich eigentlich nur darin, was es dabei für die Journalisten zu Essen gibt: Kartoffelsuppe mit Würstchen bei Merkel; sehr feines Rindfleisch bei Ackermann.

Wenn aber Politik und Wirtschaft gegenseitig das Vertrauen verlieren, wie sollen die Bürger es dann haben? Das muss in erster Linie eine Kanzlerin beantworten, die mit ihrem Vertrauen durchaus pragmatisch, aber sehr, sehr zögernd umgeht.

Sagt sie auch mal »Scheiße«?

»Mutti ist sauer.« Drei Worte nur sagt der gestandene Mann aus dem innersten Kreis um Angela Merkel am Telefon. An diesem Nachmittag Ende Januar 2012, als sich die Krise um den damaligen Bundespräsidenten Christian Wulff immer weiter zuspitzt, liegt irgendetwas in seiner Stimme, dass man spürt: Der Mann weiß, wovon er redet.

»Mutti ist sauer« heißt: Jetzt kommt's gleich dicke, ganz dicke.

Angela Merkel ist kein Engel. »Scheiße« ruft sie deutlich häufiger, als man bei einer Bundeskanzlerin meinen würde – und zwar in allen Varianten. Das kann Journalisten treffen, die nichts Böses ahnend auf einer Auslandsreise morgens beim Rührei sitzen und quer über den Frühstücks-Tisch wegen einer Falschmeldung angeraunzt werden: »Wer von Ihnen schreibt denn so einen Sch…?« Das kann Spitzendiplomaten treffen, die Merkel erklären wollen, wie die USA funktionieren: »Es ist mir sch… egal, was der Herr sagt.« Oder sie benutzt den Fluch dreimal in dreißig Minuten beim Erklären einer für Deutschland besonders vertrackten Situation in der Euro-Krise – wie die Faust, mit der man auf den Tisch haut, um bestimmte Punkte besonders zu betonen. Manche Männer, auch Kanzler, haben beides gemacht, geflucht und gehauen. Merkel kommt ohne Faust aus. Zugleich gilt als gesichert, dass US-Präsident Barack Obama das »Schei…«-Wort an jenem Abend korrekt auf Deutsch auszusprechen lernte, als er am Rande eines G-8-Treffens unter anderem mit der Kanzlerin und einigen ihrer Beratern das Champions-League-Finale Bayern München gegen Chelsea London anschaut – in dem Bayern zweimal eigentlich schon gewonnen hat, und Merkels Fußball-Liebling Bastian Schweinsteiger im Elfmeter-Schießen den alles entscheidenden Ball an den Pfosten setzt.

Cholerisch ist Angela Merkel hingegen nicht. Auch wenn sie sich richtig ärgert, wirft sie nicht mit harten Gegenständen wie etwa Horst Köhler, der Chef des Internationalen Währungsfonds und später fahnenflüchtige Bundespräsident. Oder wie Otto Schily, der ebenso knorrige wie eitle Innenminister unter SPD-Kanzler Gerhard Schröder. Wenn Angela Merkel sich richtig ärgert, wird sie in der Mehrzahl der Fälle leise, sehr intensiv, sehr schneidend. Der Mund ein harter Strich. Manchmal brüllt sie auch in solchen Momenten, aber nicht oft. Unter denen, die es wissen müssten, heißt es in Berlin, so weit gehe sie nur ganz, ganz selten – und wenn, dann kurz und laut wie zur Befreiung von einem Überdruck an Wut und Ärger. Zurückbrüllen allerdings dürfe (oder traue sich) nur eine einzige Person im Kanzleramt: Beate Baumann, seit bald 20 Jahren engste Beraterin und Büroleiterin. Und man gäbe eine Menge dafür, einmal unsichtbar dabei sein zu können, wenn die beiden Frauen, die sich so gut kennen, aus der Haut fahren.

Natürlich finden sich im Tagestakt einer mehr oder weniger erfolgreichen Regierungsarbeit viele einzelne Gelegenheiten, sich aufzuregen. Aber viel mehr über Angela Merkels Nervenkostüm erzählen die Punkte, die sie ganz generell aufbringen, unabhängig also von der Tagespolitik und der jeweiligen Situation. Dazu zählen alle Vorwürfe, sie mache aus Deutschland eine Art »DDR-light«. Da kann sie regelrecht schnauben vor Fassungslosigkeit über jene, die nichts vom Unrechtsstaat DDR aus eigenem Erleben wissen, vom Knebeln des Einzelnen in der DDR, von der Amputation aller Individualität im praktizierten Sozialismus – und trotzdem von »Denkverboten«, »Sozialismus« oder »Planwirtschaft« im vereinigten Deutschland schwadronieren. Mehr noch als Salon-Sozialisten hat sie Salon-Konservative wie Gertrud Höhler, Arnulf Baring oder Alexander Gauland wegen dieser Attitüde gefressen. Das hält Angela Merkel, gelernte Ostdeutsche, für geschichtsvergessen und maßlos. Genauso geht es übrigens Bundespräsident Joachim Gauck, der weiß, dass zu Mauerzeiten Welten lagen zwischen der, zugegeben unvollkommenen westdeutschen Freiheit und der ostdeutschen Unfreiheit.

Als Angela Merkel im Frühjahr 2012 am Rande einer Reise auf das gerade erscheinende Buch Höhlers (»Die Patin«) angesprochen wird, das sie als Freundin eines »autoritären Sozialismus« tituliert, als die »Fremde aus Anderland«, da bricht es – fast – aus ihr heraus. Sichtlich um Beherrschung bemüht, setzt sie mit tiefem Atemzug zur Antwort an, zögert, hält inne und macht am Ende doch nur eine wegwerfende Handbewegung. Ihre Wut ist zu spüren.

Ähnlicher Zorn ist programmiert, wenn Angela Merkel meint, jemand begegne ihr mit Herablassung oder wolle sie gar demütigen. Für solche Momente gefühlter Schmach reicht ihr Gedächtnis Jahrzehnte zurück: Namen, Daten, Umstände, bis hin zum Wetter und was sie anhatte in der Stunde, als sie sich von wem auch immer gedeckelt fühlte. Eine in allen Merkel-Biographien wiederkehrende Passage beschreibt, wie sie im Kabinett vor Wut geweint hat: Als sie Anfang der 90er Jahre als Umweltministerin mit einer Sommersmog-Verordnung bei den Herren um Kanzler Helmut Kohl auflief, für ihre Naivität bezahlen musste, am Ende im Kabinettssaal in Tränen ausbrach – und sich vor allem unendlich gedemütigt fühlte. Solche Szenen sollen sich auch im damaligen Umweltministerium mehrfach zugetragen haben, berichten Beamte aus jener Zeit.

Wie aus einem Foto-Album kann sie auch die Erinnerung an viel kleinere Begebenheiten abrufen. Etwa, wie sie 1991 bei ihrer allerersten Israelreise vom deutschen Botschafter »einfach stehen gelassen worden sei«; wie der damalige Minister Riesenhuber sie am Checkpoint sich selbst überließ und sie den Tränen nahegewesen sei. Fünfzehn Jahre liegt das zurück, als sie 2006 einmal in einem kleineren Kreis davon erzählt – als wäre es gestern gewesen. Und bis zu Mimik oder Gesten ihrer Rivalen kann sie von CDU-Parteitagsabenden berichten, bei denen die Merz, Koch und anderen sich an den Stehtischen im Kreis von Journalisten über sie lustig gemacht hätten und sie es aus der Entfernung beobachten konnte.

Ihr unerbittliches Gedächtnis dafür bedeutet aber nicht, dass sie überdurchschnittlich nachtragend ist. Der verstorbene SPD-Fraktionschef zu Zeiten der großen Koalition, Peter Struck, sagte es einmal so: Man könne mit Merkel »richtig heftig« streiten. »Aber danach Schwamm drüber und gut.« Gut beurteilen kann das auch ihr außenpolitischer Berater

Christoph Heusgen. Merkel war nach dem denkbar knappen Wahlsieg im Herbst 2005 noch gar nicht offiziell im Amt, Heusgen zwar schon benannt, aber noch in seiner bisherigen Funktion in Brüssel: Da ließ der Karriere-Diplomat sich von Journalisten der *ZEIT* verführen, der künftigen Kanzlerin via Zeitungsartikel das Einmaleins der deutschen Außenpolitik zu erklären. Zumindest wirkte es so und spielte damit allen Kritikern in die Hand, die Merkel, einer Frau, die Kanzlerschaft per se nicht zutrauten. Von ihrer Reaktion, die prompt folgte, ist nie etwas Wörtliches bekannt geworden. Nur so viel: Heusgen war sich kurzzeitig ziemlich sicher, seinen Job schon vor Amtsantritt wieder los zu sein. Er redete während der ersten sechs Monate mit Journalisten so gut wie kein offenes Wort mehr. Heute ist er der am längsten dienende Abteilungsleiter und Chefberater im Kanzleramt.

Berater oder Beamte öffentlich zusammenzustauchen, käme Merkel jedenfalls nicht in den Sinn. Mehr als knappe, beißende Ironie muss niemand fürchten, wenn er vor Zeugen den Unmut der Kanzlerin auf sich zieht. Das kann passieren, wenn der Terminplan eines Tages zu eng gesteckt ist, sich trotz aller Hetze also chronische Verspätung durch den Tag hindurch aufbaut. Als sie im Mai 2012 in Camp David ein Pressestatement rechtzeitig für die heimischen Abendnachrichten abgeben will, aber unerbittlich-chaotische US-Sicherheitsleute die deutschen Journalisten nicht zu ihr vorlassen, sieht man sie hinter einer Glastür winken, gestikulieren, die Arme zum Himmel – und sich mächtig ärgern. Es war wie ein 15-Sekunden-Stummfilm, in dem sich eine Mächtige über ihre Ohnmacht aufregt. Und der (in diesem Moment) sehr bedauernswerte Regierungssprecher Steffen Seibert rannte schwitzend hin und her, um seiner Chefin schnellstmöglich eine angemessene Journalisten-Kulisse zu verschaffen. Was er sich dabei von ihr anhören muss, wird nie bekannt.

Tatsächlich kann ein Merkel-Mitarbeiter darauf zählen, dass sie bei klarem Verstand aus einer Beamten-Panne nie eine brutale, öffentliche Vorführung machen würde. Als Finanzminister Wolfgang Schäuble sich zu einer solchen Schau hinreißen lässt, seinen Pressesprecher vor einer Gruppe sich (leider) weidender Journalisten böse bloßstellt, da reagiert Merkel ehrlich betroffen. Bezeichnenderweise nicht nur aus Mitgefühl mit dem kujonierten Sprecher, der wenig später sein Amt niederlegt. Zugleich fragte sie sich, was in Schäuble vorgehen müsse, dass er es vor laufender Kamera so weit getrieben habe.

Wie eingangs gesagt, wird aber auch Angela Merkel ab und zu sehr unangenehm und laut. Nicht sehr oft, aber wenn, dann egal mit wem. Da kann es gegen Parteifreunde gehen, gegen Parteichefs, Mitarbeiter – oder den gerade amtierenden Vizekanzler. Der heißt am 19. Februar 2012 gegen 15.15 Uhr Philipp Rösler von der FDP. Die Auswahl eines neuen Bundespräsidenten hat sich an diesem Sonntagnachmittag gerade heillos verkantet. Der FDP-Chef ist plötzlich auf Joachim Gauck umgeschwenkt, den Favoriten von SPD und Grünen, und hat das sofort öffentlich gemacht. Die Kanzlerin steht jetzt allein da; über die Agenturen jagen die Eil-Meldungen. Da platzt ihr der Kragen. Sie schimpft laut auf Rösler ein: »Ihr riskiert den Bruch der Koalition. Wollt ihr das?« Minutenlang geht es hin und her, die Kanzlerin beruhigt sich nicht. Sie ärgert sich über die Renitenz einer Partei mit damals drei Prozent in den Umfragen, aber mindestens genauso sehr über ihre eigene Fehleinschätzung. Merkel hat auf zwei andere Kandidaten gesetzt und zugleich darauf, dass auch SPD und Grüne den unbequemen Freigeist Gauck in Wahrheit gar nicht wollen. Rösler schluckt unter der Schimpfkanonade, aber er bleibt hart. In einer FDP-Telefonschaltkonferenz wenig später sagt er: »Es hat gewaltig geraucht. Die Kanzlerin wurde sehr laut und glaubt, wir wollen die Koalition platzen lassen.« Tatsächlich hatte Merkel in ihrer Schaltkonferenz mit den CDU-Spitzen als Erstes gesagt: »Eines ist klar, Gauck wird's nicht.« Wenig später jedoch erkennt sie, dass Gauck nicht zu verhindern ist, dann lenkt sie ein. Noch am Abend im Kanzleramt preist sie Gauck bei der eilends organisierten Vorstellung des gemeinsamen Kandidaten in den höchsten Tönen. Als wäre nichts gewesen.

Das alles soll nicht den Eindruck vermitteln, die Kanzlerin bringe ihre Tage zwischen Toben, Fluchen, Wutanfällen zu. In Wahrheit hat sich Angela Merkel nämlich gegen das tägliche Maß an Kritik und Problemen gut verpanzert – wer das nicht tut, der darf ja auch nicht Bundeskanzler werden. »Ich kann mich an keine Situation erinnern, wo Frau Merkel nicht die Nerven behalten hätte«, sagt selbst Sigmar Gabriel, der SPD-Chef, der in der großen Koalition unter Merkel Umweltminister war.

Entsprechend viel prallt an ihr ab, und zwar vom ersten Tag ihrer Zeit im Kanzleramt an, vor allem die Aufgeregtheiten einzelner Momente. Beispiel: Als Merkel am 22. November 2005 ins Amt gewählt wird, erhält sie nur 397 Stimmen von SPD und CDU/CSU. Nach den hitzig diskutierten Maßstäben für einen geglückten Start der großen Koalition ist es eine Schlappe. Alles unter 400 Stimmen hatten auch (echte) Parteifreunde als die Grenze zum Blamablen definiert. Im Getümmel nach der Wahl sagt einer von Merkels engen Vertrauten, der heutige Umweltminister Peter Altmaier: »Sie ist jetzt die Kanzlerin. Die 4 war für die Symbolik. Da kräht morgen kein Hahn mehr nach.« Genau so sah sie es selbst, genauso sieht es sie es auch am Ende ihrer zweiten Amtszeit: Wann immer sie bei den wichtigen Euro-Abstimmungen eine »eigene« Mehrheit von CDU/CSU und FDP im Bundestag hat, reicht ihr das. Die absolute, die so genannte »Kanzlermehrheit« lässt sie als Messlatte nicht gelten, ganz egal, was die Medien oder die Opposition sagen. »Nüscht von Bedeutung«, würde Merkel sagen. »Nüscht«, um darüber in Wut zu geraten – oder gar »Sch…« zu sagen.

Macht Merkel für Macht alles?

Ziemlich genau 36 Meter nackter Waschbeton hoch, einen ganzen Straßenzug breit, acht Etagen. Annähernd 230 000 Kubikmeter umbauter Raum, übermannshohe Stahlgitter drumherum, mit angefeilten Spitzen obendrauf. Bundeskanzleramt der Bundesrepublik Deutschland, Willy-Brandt-Straße 1. Alles, bis zur Adresse, ist mächtig groß.

Und eben auch nicht.

Die notorisch respektlosen Berliner zum Beispiel nennen das Kanzleramt »Bundeswaschmaschine«, weil es so aussieht wie eine. Vierkantiger Umriss, aber in der Mitte ein Loch wie das kreisrunde Fenster vor der Waschtrommel. Das Dach des Kanzleramts liegt einige symbolische Meter tiefer als die Kuppel des Reichstages, wie um zu zeigen: Im Kanzleramt wohnen nur die, denen das deutsche Parlament von schräg oben auf die Finger schaut und manchmal auch in die Karten. Im Kanzleramt arbeiten in gut 350 Büros nicht einmal 500 Menschen, da hat selbst das Landwirtschaftsministerium mehr. Das ist auf den ersten Blick ein Widerspruch, denn wer würde behaupten das Landwirtschaftsministerium hätte mehr Macht als das Kanzleramt? Krassestes Beispiel: Die Handvoll Mitarbeiter der europapolitischen Abteilung des Kanzleramtes reklamieren inzwischen wie selbstverständlich die Federführung in allen zentralen EU- und Euro-Fragen, weil die Kanzlerin mit ihresgleichen im Europäischen Rat immer tiefer in die Details hineinregiert und sie den Außen- und Finanzministern den Rang abgelaufen haben. Dabei kommen die Europa-Abteilungen im Finanz-, Wirtschafts- und Außenministerium rechnerisch auf mehr als hundert mal so viele Beamte wie das Kanzleramt. Auf sie ist das Kanzleramt angewiesen, denn in Bürokratien ist Masse auch Macht. Die Bundeswaschmaschine steht irgendwie also für die Macht – und ihre Grenzen. Für den Machtwillen der Chefin. Und ihre Ohnmacht.

In Angela Merkels eigenen Worten: »Ich kann sagen: Das will ich nicht. Aber ich kann nicht sagen: Das will ich.« Das war 2007, zur Mitte der großen Koalition, und die SPD war ein Partner auf Augenhöhe. Aber es würde heute, nach den Regierungsjahren mit einem viel kleineren Koalitionspartner und auf der Höhe ihres präsidialen Ansehens, trotzdem nicht anders klingen. Es stimmt wohl: Angela Merkel kann eine monochrome Egoistin der Macht sein, und nicht wenige würden noch das Attribut »eiskalt« hinzufügen. Sie mag ihre Macht nicht gern öffentlich zur Schau stellen, aber wenn doch – dann mit großer Brutalität. Zugleich vergisst sie nicht, was ihre Macht möglich macht und wo deren Grenzen gerade verlaufen.

Bevor man jedoch herausfinden kann, was die Kanzlerin für die schiere Macht alles tun würde, muss man benennen, was Macht für sie ist, und beschreiben, welche die Grundlagen ihrer Macht sind und wo die Grenzen.

Max Weber, unvermeidlich an dieser Stelle, definiert Macht, als »jede Chance, innerhalb einer sozialen Beziehung den eigenen Willen auch gegen Widerstreben durchzusetzen, gleichviel worauf diese Chance beruht«. So denkt Angela Merkel nicht, so dachte vielleicht Gerhard Schröder. Für die Kanzlerin ist Politik ein derart komplexes Zusammenspiel stetig flottierender Kräfte, dass eine Gleichung A stärker als B niemals stabil sein kann, mithin A niemals auf Dauer Weber'sche Macht über B ausüben kann. Merkels Idee von Macht ist dagegen viel mehr an Situationen gebunden, an flüchtige Konstellationen bestimmter Kräfte und Fixpunkte, diese Woche so, nächsten Monat anders. In diesem Sinne, in Merkels Sinne, hat Macht dabei derjenige, der den Moment der Entscheidung bestimmen kann – dann nämlich, wenn die Kräfte günstig für seine Sache stehen und einen Sieg erwarten lassen. Das erinnert an den umstrittenen Staatsrechtler Carl Schmitt mehr als an Max Weber. Einer von Schmitts zentralen Macht-Sätzen heißt: »Souverän ist, wer über den Ausnahmezustand entscheidet.« In anderen, zeitgemäßen Worten – Macht hat, wer in der Krise zur Durchsetzung seiner Pläne sagen kann: »Das ist alternativlos.« In der deutschen Demokratie absichern lässt sich so ein Satz natürlich nicht mit der Bundeswehr oder der GSG9, wohl aber mit überlegen erscheinendem Wissen. Mit Macht durch Wissen. Oder wie Angela Merkels Mutter ihrer Tochter sagte: »Wenn du besser bist als die anderen, kann dir keiner etwas anhaben.« Das ist, was Angela Merkel unter Macht versteht: bestimmen zu können, *wann* die Entscheidung fällt und sie der möglichst objektivierbaren Überlegenheit *ihres* Wissens unterordnen zu können. Es ist eine abstrakte Idee, und sie ist kalt.

Merkels Macht ist eine Macht des Moments. Sie wird, wenn überhaupt, stets nur als Schlaglicht sichtbar, so grell, dass sie Schrecken verbreitet. Aber auch so flüchtig, dass sie oft wie ein Zufall wirkt.

Durch Zufall ist Angela Merkel ganz am Anfang schon in die Nähe von echter Macht-Politik geraten. Stellvertretende Sprecherin der letzten DDR-Regierung wurde sie, so erzählt es ihr damaliger und heutiger Weggefährte Thomas de Maizière, weil der Koalitionspartner in der Regierung Lothar de Maizière keinen stellen mochte und deshalb die CDU beide Posten besetzen durfte, auch den des Stellvertreters. Den Moment erkannt. Zugegriffen. Gemacht. Auf dem weiteren Weg bis ins Kanzleramt setzt sich das Muster fort, ebenso in den fast acht Jahren, die sie bis heute darin zugebracht hat. Als junge Ministerin für Umwelt hat sie den wichtigsten Beamten prompt gefeuert, einen sehr kundigen, aber noch eitleren Mann, der sie durch mehr oder minder offene Illoyalität herausgefordert hatte. An die Spitze der CDU gelangte Angela Merkel durch eine Verkettung zufälliger Umstände – und den einen Moment der Demonstration, als sie den offenen Brief an Helmut Kohl in der *Frankfurter Allgemeinen Zeitung* veröffentlichte. Damit sagte Merkel die Partei von ihm los und übernahm sie in Wahrheit schon. Formal hatte sie gar nicht die Macht dazu, die verschafften ihr erst der präzis gewählte Zeitpunkt der Veröffentlichung und der Ort, die *FAZ*, quasi das Amtsblatt der CDU.

Die Männer, die Angela Merkel gewähren ließen, sahen sie in Mehrheit als einen bloßen Übergang bis zum Zeitpunkt ihres eigenen letzten Aufstiegs an die CDU-Spitze. Und tatsächlich hat Angela Merkel schnell auch die Grenzen ihrer Macht kennengelernt, als Friedrich Merz schon Fraktionschef war, sie aber noch nicht Parteichefin. Als er sie in einem Vier-Augen-Gespräch fragte: Was willst du werden, wenn ich Kanzler bin? Und noch einmal 2002 stieß sie an die Grenzen. Als kaum erst etablierte CDU-Parteichefin musste sie den letzten Showdown mit Edmund Stoiber um die Kanzlerkandidatur vermeiden und ihm den Vortritt lassen. Manch ein Beobachter hat im Nachhinein gemutmaßt, Merkel habe Stoiber nur deshalb vorgelassen, damit der Bayer sich bei der Wahl gegen Kanzler Schröder ein für allemal selbst erledige; ähnlich wie Helmut Kohl 1980 CSU-Chef Franz-Josef Strauß antreten ließ, um ihn ein für allemal von bundespolitischem Ehrgeiz zu heilen. Aber es war nicht so. Nach menschlichem Ermessen hätte Stoiber gegen die rotgrüne Chaostruppe gewinnen müssen – und hätte es trotz eigener Unzulänglichkeiten auch, wenn ihm nicht die Oderflut, der Irak-Konflikt, die Möllemann'schen FDP-Eskapaden und einiges mehr den Sieg verhagelt hätten. Dass Stoiber Angela Merkel den Weg ins Kanzleramt nicht verbaute, war also zum großen Teil Zufall. Aber nach dessen Niederlage hat sie sehr entschlossen, sehr präzis im Timing ihre Macht um den Fraktionsvorsitz erweitert. Weil Edmund Stoiber ihren Argumenten folgte, wie er in seiner politischen Autobiographie detailliert beschreibt, blieb Merkels vielleicht stärkster innerparteilicher Konkurrent dabei auf der Strecke, eben Friedrich Merz.

Mit der Wahl Horst Köhlers zum Bundespräsidenten hat sie 2004 diese ihre Machtfülle als Partei- und Fraktionschefin allen gezeigt. So wie man im Mittelalter die aufgespießten Köpfe der feindlichen Heerführer auf der eigenen Stadtmauer zeigte: Seht her, ich habe die Macht, es zu tun. Zur Erniedrigung eines anderen oder zu dessen Erhöhung, wie bei Wolfgang Schäuble, der damals so gerne Bundespräsident werden wollte und dann Merkels wichtigster Minister wurde. Zu seinem 70. Geburtstag sagte sie Schäuble: »Ohne Sie sähe unser Land anders aus.« Der nahm es als badischer Preuße kühl hin, wirklich rühren konnten ihn nur die Worte der IWF-Chefin Christine Lagarde: »Wolfgang, my friend.«

In der großen Koalition blieben die Momente demonstrativer Macht-Darstellung naturgemäß rar und in der CDU waren sie nicht mehr nötig; die Partei ist und bleibt ein treuer Kanzler-Wahlverein.

Ihren jüngsten Moment unverstellter, fast fratzenhafter Macht hatte Angela Merkel im Mai 2012, als sie ihren ebenso glücklosen wie verstockten Umweltminister aus dem Amt warf. Nach einer völlig vergeigten Landtagswahl in Nordrhein-Westfalen gab sie Norbert Röttgen kein Pardon: In einer Erklärung von 1:39 Minuten Länge berief sie sich ausdrücklich auf Artikel 64 Grundgesetz, das formelle Recht des Bundeskanzlers, dem Bundespräsidenten Minister zur Ernennung und zur Entlassung vorzuschlagen. Eine Enthauptung mit stumpfem Messer war das, die Demonstration nackter Macht – des nackten Machterhalts, also auch der eigenen Bedrängnis. Denn der gescheiterte Umweltminister infizierte Merkels Nimbus als über den Wassern schwebende Präsidialkanzlerin. Und er gefährdete Merkels Regierung, weil ihm nicht mehr zuzutrauen war, die festgefahrene Energiewende wieder flottzumachen, das zentrale innenpolitische Projekt der Kanzlerin. Andere schwache Minister hat Merkel im Amt belassen, Röttgen war zu wichtig, um seine Schwäche nicht ernst zu nehmen. Und sein Ego, vielleicht auch seine

Illoyalität, waren zu groß, als dass es eine auf Machterhalt bedachte Kanzlerin akzeptieren mochte. »Ich bin nicht froh, wenn ich so etwas machen muss«, sagte sie wenig später zu Vertrauten, erkennbar noch unter dem Eindruck der Trennung von Röttgen. Und es war ihr wichtig zu betonen, dass sie mit ihm mehrfach unter vier Augen geredet habe, persönlich, nicht am Telefon. Das klingt aber nur nach Skrupel. Denn wenn es hart auf hart kommt, hat Angela Merkel keine.

Wer einmal im Kanzleramt angelangt ist, der denkt naturgemäß an Macht-Erhalt. Der denkt darüber nach, wie er in der Partei und an den Urnen Mehrheiten sichern kann, ohne zu unterlassen, was er für politisch richtig hält. Das nimmt einem nicht einmal der politische Gegner ernsthaft übel, weil er sich ja genauso verhalten würde. Denn: Man wird einem Politiker nicht vorwerfen wollen, dass er gern wiedergewählt werden will. Genauso gut könnte man einem Mittelstürmer vorwerfen, dass er Tore schießen möchte. Und man wird gerade Angela Merkel nicht unterstellen, sie hänge vornehmlich an Titel, Dienstwagen und anderem Gepränge ihres Amtes. Gegen solche Versuchungen scheint sie rundum immun. Deshalb gilt unter Hauptstadt-Journalisten übrigens ein klassischer »Skandal« mit finanzieller Grundierung als das eine Ding, das man bei Angela Merkel wohl nie erleben werde. Nein, sie will einfach regieren und machen und das Sagen haben. Dafür braucht sie die Macht und ist bereit, in den Ring zu steigen. »Man muss den Kampf auch mögen, sonst geht es nicht«, sagte Angela Merkel 2003 im Interview mit Autor Hugo Müller-Vogg. Aber Jahre später sagt sie häufig auch: »Es mittelt sich alles aus.« Die Macht und die Ohnmacht, die Siege und die Niederlagen, die Anfeindungen und der Jubel.

Dreh- und Angelpunkt ihrer Macht ist der Vorsitz der CDU. Aus ihm leitet sie alles ab, auch das Amt der Kanzlerin. Die Chefs anderer Parteien sind für sie die uneingeschränkt letzte Instanz für Absprachen; ein »Vize-Kanzler« zählt in dieser Hinsicht nicht halb so viel. So hat sie von einem Tag auf den anderen aufgehört, mit Franz Müntefering vertraulich strategisch wichtige Beschlüsse zu verabreden – weil er noch vor Beginn der großen Koalition den SPD-Parteivorsitz verloren hatte. Sie hat ihn deswegen nicht weniger gemocht oder politisch geschätzt, im Gegenteil. Aber sie hat mit quasi sofortiger Wirkung eine angenehme, gut funktionierende Beziehung auf Eis gelegt, um den Notwendigkeiten von effizienter Machtausübung zu genügen – die zwischen Parteichefs zu laufen habe und zwischen niemandem sonst. In einer ZDF-Dokumentation zum ersten Jahr der großen Koalition sagte sie dazu: »Ich war einfach traurig. Aber, tja, so entscheiden Parteien.« Und weil der Parteivorsitz für sie derart zentral ist, würde sie auch an dem Tag als Kanzlerin zurücktreten, an dem sie nicht mehr CDU-Vorsitzende wäre. »In derselben Sekunde«, so wird sie zitiert. »Alles andere wäre undenkbar.« Kein Wunder, dass sie den Moment, an dem sich Gerhard Schröders Schicksal entschied, eben nicht auf den Tag der verlorenen NRW-Wahl im Mai 2005 datiert. Sondern auf den März 2004, als er den Parteivorsitz unter dem Eindruck der Anti-Agenda-Proteste in der SPD an Franz Müntefering abgab oder besser: abgeben musste.

Umgekehrt geht die Gleichung natürlich auch auf. Die CDU hat die eigene Kanzlerin nie ernsthaft in Frage gestellt –

obwohl die Zahlen erdrückend sind. Als Angela Merkel Bundeskanzlerin wurde, hatte die CDU deutlich über 550 000 Mitglieder, Anfang 2013 sind es noch 484 000. Als Angela Merkel Kanzlerin wurde, stellte die CDU in zehn Bundesländern den Ministerpräsidenten; im Frühjahr 2013 sind es noch fünf – zum ersten Mal weniger als die SPD. Die CDU hat Flächenländer wie NRW und Baden-Württemberg und Niedersachsen ebenso verloren wie den Stadtstaat Hamburg. In sechs von allen Landtags-Wahlen seit Beginn von Merkels zweiter Amtszeit 2009 blieb die CDU unter 30 Prozent der Stimmen, in keiner kam sie über 40 Prozent. In Nordrhein-Westfalen stimmten bei der krachenden Niederlage der Volkspartei CDU unter Norbert Röttgen gerade noch 18 Prozent der Wahlberechtigen für die CDU. Dabei hatte die Parteichefin im Wahlkampf die rekordverdächtige Zahl von neun Auftritten in NRW hingelegt. Für die Niedersachsen-Wahl am 20. Januar 2013 warf sie sich ähnlich ins Zeug. Aber es reichte wieder nicht, wenn auch denkbar knapp. So gibt es im Wahljahr 2013 im Bundesrat eine Mehrheit von 36 Stimmen jener Länder, die von SPD, Grünen und Linkspartei geführt werden. Für die Bundesregierung wird der Spielraum noch einmal spürbar kleiner.

Fazit: Oben bei der CDU sitzt Angela Merkel fest im Sattel. Unten blutet sie aus.

Mehr noch. Angela Merkel hat in der CDU keine Hausmacht im landläufigen Sinne. Der Chefredakteur des *Cicero*, Christoph Schwennicke, vergleicht ihre Art, sich der CDU zu bemächtigen mit der tropischen Würgfeige (ficus bengalensis): Hoch in einer Baumkrone keimt ein Samen, den ein Tier dorthin getragen hat, dann schlägt der Keim Luftwurzeln, die den Stamm des Baumes fest in den Griff nehmen und schließlich aus eigener Kraft die Würgfeige stützen: Wachstum, Eroberung, Standfestigkeit, die von oben nach unten entsteht. Ein schönes Bild, aber es stimmt nicht ganz: Angela Merkel hat nicht bis auf den Boden gewurzelt; sie hat die CDU im Griff, aber kaum einen Fuß am Boden, an der Basis. Ihr Landesverband Mecklenburg-Vorpommern ist unbedeutend, mit einem der Großen hat sie sich nie verschworen. Sie genießt großen Respekt, sie ist der letzte große Wahlkampf-Trumpf der CDU. Aber selbst in der CDU Nordrhein-Westfalens, aus der sie vier ihrer fünf CDU-Generalsekretäre rekrutierte, hat sie keine treu ergebenen Parteitags-Kohorten, die sie nach Belieben dirigieren könnte. Wenn sie im Hintergrund der Partei Strippen zieht, so erzählen CDU-Spitzenleute, dann punktuell, konkret, konfliktbezogen. Nie flächendeckend, fürsorglich-vorsorglich wie einst Helmut Kohl.

Andererseits: Wer hat eigentlich noch eine Hausmacht in der CDU? Die mitgliederstarken Landesverbände Baden-Württemberg, NRW und Niedersachsen haben bittere Wahlniederlagen hinter sich. Allenfalls die CDU-Arbeitnehmer können noch von sich behaupten, ein echter »Parteiflügel« zu sein, der sich wie bei der SPD fest organisiert. Konservative und (Wirtschafts-)Liberale sind vielleicht noch da, aber als kritische Masse haben sie lange nichts mehr erreicht. Und ein verschworener Männerbund (wenn es denn je einer war) wie der »Andenpakt« lebt nur noch in der wehmütigen Erinnerung derer, die dazugehörten. Angela Merkel hat also nicht nur keine traditionelle Hausmacht – sie hat der ganzen Partei abtrainiert, etwas dergleichen zu entwickeln. Wenn er es nicht zugleich aus dem Amt des Kanzlers ableiten könnte, käme der nächste CDU-Chef nach Merkel wohl ähnlich per Zufall ins Amt wie sie selbst.

Merkels praktisch-alltägliche Machtbasis, ohne die es ja nicht geht, das sind enge Vertraute an Schlüsselpositionen. Sie sind wie sie. ZEIT-Autor Bernd Ulrich nennt sie die »Minimalinvasiven«: CDU-Generalsekretär Hermann Gröhe, Fraktions-Geschäftsführer und heutiger Umweltminister Peter Altmaier, Kanzleramts-Chef Ronald Pofalla. Dazu kommt Fraktionschef Volker Kauder, und für alle gilt: Sie werden der Macht der Kanzlerin niemals gefährlich, aus ihnen werden niemals mehr Rivalen.

Nicht wenige sagen, Angela Merkel habe die CDU 2000 in einer Mischung aus Zufall und stillem Putsch übernommen, in einem Macht-Moment der Gelegenheit. Dazu passt, dass sie die Partei nicht dank der treuen Zuneigung von unten im Griff hat, sondern weil sie oben die Schaltstellen mit echten Vertrauten besetzt hat. Auch die so genannten »Regional-Konferenzen« (Parteispott: »Volkskongresse«) dienen nicht dazu, sich mit dem einfachen Parteivolk zu verbrüdern. Die artigen Akklamationen dort dienen allein dazu, gefährlicher Kritik aus dem Mittel- und Oberbau der Partei vorbeugend die Legitimation zu entziehen. Ganz einfach: Beklatscht eine große Regional-Konferenz in NRW die Kanzlerin, sind einem Merkel-kritischen Chef dieses Landesverbandes erst einmal die Hände gebunden.

Diese karge Machtbasis der Parteichefin reicht bis heute, ganz wie nach einem Putsch in einem Drittwelt-Land – und macht sie zugleich anfällig für einen ebensolchen Putsch. Was wäre im Fall von Aufruhr? Helmut Kohl hätte in solchen Lagen auf allen Hierarchiestufen durch die Partei telefoniert, sich ein Bild gemacht, persönliche Getreue eingeschworen, den Gegenangriff vorbereitet. Wen würde Angela Merkel anrufen? Und auf wessen Antwort könnte sie blind vertrauen?

Schon das beschreibt eine Grenze ihrer Macht. Es gibt noch mehr davon, und sie weiß es: Die Finanzmärkte, die den Staaten kein Geld mehr leihen wollen. Der Aufstieg der neuen Riesen China und Indien. Die Europäische Union, die in immer engerem Takt innenpolitisches Risiko verlangt. Der Bundesrat, in dem es wegen der bunt gescheckten Landesregierungen nur noch ganz selten eine Mehrheit, für welche Regierungskoalition auch immer, gibt – und bis ins Jahr 2016 hinein garantiert keine für Union und FDP. Sogar in ihrem eigenen Kabinett, so sagt sie selbst, reicht ihr Arm nicht allzu weit. Das Grundgesetz weist dem Kanzler zwar »Richtlinienkompetenz« zu, aber jeder halbwegs selbstbewusste Koalitionspartner sagt notfalls Nein. »Richtlinienkompetenz, aha ..., Richtlinienkompetenz«, mit einigem Spott in der Stimme hat Angela Merkel Journalisten einmal auf die provozierende Frage geantwortet, weshalb sie in einem in der Sache leicht zu entscheidenden Streit zwischen zwei Ministern nicht auf den Tisch haue. »Richtlinienkompetenz, ... aha, vielen Dank für den Tipp, ich sag's der FDP, dass Sie mir geraten haben, von meiner Richtlinienkompetenz Gebrauch zu machen. Wird die toll beeindrucken.« Schon Konrad Adenauer hat gesagt, dass ein Kanzler keine Richtlinienkompetenz habe, solange er einen Koalitionspartner braucht. Es hat sich nicht viel geändert.

Kein Wunder also, dass Angela Merkel sich und ihre Macht öffentlich gern klein macht. Sie hofft zugleich, so auch den zwei schwersten Vorwürfen zu entgehen, die ihr von Beginn ihrer Kanzlerschaft an gemacht werden: Dass sie, erstens, aus ihrer Macht zu wenig macht. Und dass sie, zweitens, für den Erhalt ihrer Macht alles macht. Dass sie also machtvergessen *und* machtversessen zugleich ist.

Ich denke, der Vorwurf der *Machtvergessenheit* trifft zu für das erste Halbjahr der zweiten Amtszeit, die Zeit zwischen dem Wahlsieg im September 2009 und der Niederlage bei der Landtagswahl in Nordrhein-Westfalen im Mai 2010. Wenn Angela Merkel die Bundestagswahl im Herbst 2013 verliert, wird sie in jenen sechs Monaten Machtvergessenheit nach der Ursache suchen müssen. Während dieser Zeit verfügte die schwarz-gelbe Koalition über eine Mehrheit im Bundestag und im Bundesrat. Schon dass zwei Parteien allein eine regierungsfähige Mehrheit zusammenbringen, war eine Überraschung, aber dann auch noch eine Mehrheit gleichfarbiger Bundesländer ... Es wäre der Moment der Macht gewesen, man hätte es ja nicht wieder gleich »Durchregieren« nennen müssen. Aber Angela Merkel ließ ihn verstreichen, wollte nichts Wichtiges entscheiden, bevor nicht NRW ein weiteres Mal an die CDU gegangen sei. Falsch gedacht, Chance vertan, und was für eine Chance: für Reformen bei Steuern, Gesundheit, Arbeitsmarkt – für die ganze Agenda der Wahlprogramme, die einen Kontrapunkt zur immer weiter Raum greifenden Krisen-Politik hätten setzen können. Schwarz-Gelb 2009 bis 2013 wird vielleicht für kluges Eurokrisen-Management in die Geschichtsbücher kommen und für die Abschaffung der Wehrpflicht. Aber für nichts genuin Schwarz-Gelbes: »Wir haben es damals vergeigt«, sagt bis heute einer der wichtigsten und treuesten Merkel-Minister. Erst habe man den Koalitionsvertrag viel zu hastig und darum voller Widersprüche »zusammengenagelt« – und dann habe man sich aus unterschiedlichen Motiven bis zum Mai des darauffolgenden Jahres in ein Schneckenhaus zurückgezogen. Selber schuld. Das bis heute schlechte Image von Schwarz-Gelb, in dieser Phase wurde es begründet.

Ich denke zugleich, dass der Vorwurf der Machtvergessenheit auf die Zeit der großen Koalition *nicht* zutrifft – obwohl er mit größter Wucht immer wieder vorgebracht wird. Die Reihe der wie entfesselt Attackierenden ist lang und bunt. Ein Wirtschaftsliberaler wie Gabor Steingart ist darunter, vormals Büroleiter des *Spiegels* in Berlin. Cora Stephan zählt dazu, die rigoros freiheitlich denkende Intellektuelle, ein tief enttäuschter einstiger Merkel-Fan. Und zuletzt reihte sich als bislang schrillste Kritikerin Gertrud Höhler ein. In ihrem Buch breitet sie auf mehreren Hundert Seiten weitgehend ein und denselben, fast hasserfüllten Vorwurf aus: Es sei ihr ganz egal, wie das Land regiert werde, solange nur sie es regiere. Damit zerstöre sie die Demokratie. Na ja. Die meisten anderen Kritiker reiben sich vorwiegend daran, wie weit Angela Merkels Regierungshandeln ab 2005 von ihren politischen Positionen, etwa aus dem Jahr 2003, entfernt läge. Wohl wahr, da klafft ein Graben. Aber es ist einfach lächerlich zu glauben, eine CDU-Kanzlerin könne »CDU pur« liefern, wenn der Vize-Kanzler bei der SPD ist. Dass in einer großen Koalition ein weiter Abstand zwischen Wahl-Wünschen und Regierungs-Alltag entsteht – wen soll das überraschen?

In seinem Buch »Die Machtfrage« schreibt Gabor Steingart, die Beinahe-Wahlniederlage Merkels 2005 sei der Moment gewesen, in dem sie den Respekt vor der »Wahrheit« verloren habe, vor der objektiven Wahrheit, versteht sich. Wirklich? Oder hat Angela Merkel nur erkannt, dass es in der Demokratie fast nichts gibt, wenn nicht eine Mehrheit der Bevölkerung auf Sicht davon irgendwie zu überzeugen ist? Dass man nicht Kanzlerin der Deutschen sein kann, wenn man täglich an ihnen und ihrer vermeintlichen Reform-Feigheit verzweifeln möchte? Man kann mit guten Gründen die Politik der großen Koalition für rundum unzureichend halten. Aber man kann sie nicht im Ernst auf charakterliche Defizite der Regierungschefin zurückführen.

Gerhard Schröder und Joschka Fischer, die SPD und die Grünen, haben während ihrer Regierungszeit gelernt, dass die Wirklichkeit bisweilen stärker ist als der Wille einer Partei. Rot-Grün wollte weder große Sozialstaats-Reformen noch bewaffnete Bundeswehr-Einsätze verantworten. Aber es ließ sich irgendwann nicht mehr vermeiden. Angela Merkel und die CDU haben am Wahlabend 2005 dagegen gelernt, dass der Wählerwille bisweilen stärker ist als der kollektive Wille einer Partei, stärker sogar als ihre ehrlich empfundene Euphorie. Mehr noch: Es gibt diese »objektive Wahrheit« in der Politik nicht, genauso wenig wie es ein fertig formuliertes »Gemeinwohl« einer Gesellschaft gibt. Es gibt nur den Kampf der widerstreitenden Auffassungen, was in Wahrheit das Beste fürs Land, was das Gemeinwohl denn sei: Mehr Steuern oder weniger? Lockerer Kündigungsschutz oder Mindestlohn? Gentechnik oder Ökolandbau? Hartz IV rauf oder runter? »Gemeinwohl« ist genau das, wovon die Parteien so schrecklich unterschiedliche Auffassungen haben. Die Wirtschaftsliberalen und Konservativen in der Union müssen wenigstens eines zur Kenntnis nehmen: Auch ohne die marktliberalen Reformen des enthusiastischen CDU-Parteitages von Leipzig steht Deutschland im europäischen wie weltweiten Vergleich blendend da.

Der zweite Vorwurf, *Machtversessenheit*, lässt sich auf den ersten Blick dagegen gut belegen. Keine Partei hat um der Mehrheitsfähigkeit (und Macht) willen in zehn Jahren so viel lang bewährtes Tafelsilber wegegeben wie die CDU unter Angela Merkel, wohl wahr: In der CDU-Familienpolitik stellte sich das Leitbild der Patchwork-Familie neben das der Alleinverdiener-Ehe mit Kindern. In der Ausländerpolitik wurde aus einer Gesellschaft, die mit Gastarbeitern wenig verbindet, ein Einwanderungsland, die »bunte Republik Deutschland«. Die Wehrpflicht, die Schule der Nation – gestrichen. Die Hauptschule, Sinnbild des nach Leistung gegliederten Erziehungssystems – wegdefiniert. Der Atomausstieg, zu rot-grünen Zeiten verteufelt – am Ende sogar noch beschleunigt. Flächendeckender Mindestlohn, Kita-Ausbau, Frauen-Quote, immer neue Sozialleistungen und so weiter und so fort. Von der »Sozialdemokratisierung der CDU« wird seitdem geredet. Aber alles nur, weil »Mutti an ihrem Sessel klebt«? Die sieht es anders – und schüttelt den Kopf über die, die sie manchmal »meine konservativen Partei-Helden« nennt.

Noch einmal: Angela Merkel denkt Macht aus ihrer Partei heraus. Allein die Parteien machen jene Mehrheiten, die am Ende Macht verleihen. Heißt, Macht-Bedingung Nummer 1 der Lex Merkel: Die CDU muss weiter Mehrheiten schaffen, gegen die in den Parlamenten nicht zu regieren ist, sie muss mehrheitsfähig sein. Und sie muss koalitionsfähig sein, anschlussfähig. Mit einer Ausländerpolitik aus den 90er

Jahren, mit einem Frauenbild aus den 80ern, mit Wehrpflicht, ohne Kitas und ohne wenigstens den Versuch einer anständigen Antwort auf 3,45 Euro Stundenlohn für Friseure in Ostdeutschland wäre sie das nicht. Zugleich ist die CDU nur dann mehrheitsfähig, wenn der strukturell linken Mehrheit im Land das Thema fehlt, das sie mobilisiert. Deshalb muss man es ihr, wie den Mindestlohn oder den Atomausstieg, notfalls abnehmen, es aufsaugen und stilllegen.

Das gibt für Angela Merkel die Richtung vor. Und wenn ein Strom in der Gesellschaft wälzend das Bett wechselt, dann will sie, dass die CDU irgendwann folgt. Ist das jetzt Machtversessenheit? Oder nur das handelsübliche Maß von Modernisierungs-Kampf zwischen den politischen Lagern?

Wahr ist aber auch: Über diesen Veränderungen ist die Partei, die eine ideologische Wärmestube war, zum ziemlich kühlen Kundenzentrum geworden. Und nachhaltig grandiose Wahlsiege hat der Kurs auch nicht erzeugt; es ist keineswegs sicher, dass der Saldo aus Abgang enttäuschter Stammwähler und dem Zugang neuer Wähler positiv ist. Die CDU mag inzwischen die einzig verbliebene Volkspartei sein – aber nur, weil die SPD in ihrer Schwäche die Maßstäbe dafür so weit nach unten gedrückt hat. Eine verlässliche Stimmen-Mehrheit hat auch Angela Merkels CDU nur noch bei den über 65-Jährigen. Wer so kühl an den Kopf einer Partei appelliert, der wird ertragen müssen, wenn eines Tages einmal sehr kühl abgerechnet wird.

Kurzum: Die Machtversessenheit der Kanzlerin Angela Merkel ist im Kern eine Mehrheitsversessenheit der Parteichefin Angela Merkel. Aber wer will einer Partei vorwerfen, sie sei strukturell auf Mehrheiten aus und nehme dazu wahr, wie sich Mehrheiten in der Bevölkerung verschieben? Soll eine Partei *keine* Mehrheiten besser finden, aufrechter und ehrbarer? Soll man, wie der bekennende Konservative Alexander Gauland, die Grünen öffentlich loben, wenn sie zwar nachweislich auf Unfug beharren, darin aber »Haltung«, immerhin Haltung zeigen? »Dass man mit durchgehaltenen Überzeugungen – und seien sie noch so falsch – gesellschaftlich gewinnen kann«, bescheinigt Gauland den Grünen. Die Garde stirbt, aber sie ergibt sich nicht? So kann man keine Volkspartei ins 21. Jahrhundert führen, es beleidigt den gesunden Menschenverstand. Nur wer regiert, prägt das Land. Und eine zeitgemäße CDU sei immer noch deutlich konservativer und liberaler als SPD oder Grüne, würde Merkel sagen. Viele CDU-Parteichefs und Kanzler vor ihr haben es übrigens nicht anders, sondern genauso gesehen: Die CDU hat sich entgegen dem eigenen ersten (»Ahlener«) Programm mit der freien Marktwirtschaft arrangiert, später mit Ostpolitik und Entspannung, mit dem Paragraphen 218, der Oder-Neiße-Grenze, Globalsteuerung, Neuverschuldung, Homosexualität und teurem Umweltschutz. Auf diesen Entschlüssen steht die CDU auch, wenn sie heute noch Mehrheiten zum Machterhalt gewinnt.

Ein ernst zu nehmender Vorwurf von Machtversessenheit würde daraus nur, gäbe Angela Merkel der Mehrheit immer und jedes Mal statt – weil es gerade die Mehrheit ist, heute so und morgen so. Das aber ist nicht der Fall, auch wenn Autor Dirk Kurbjuweit einmal ein ganzes Büchlein mit diesem Vorwurf gefüllt hat. Doch bei Afghanistan-Einsatz, Israel-Bekenntnis, Griechenland-Hilfe, Rente mit 67 oder Hartz IV stehen Regierung, CDU und Kanzlerin gegen anhaltend große Mehrheiten in der Bevölkerung – und es hat Angela Merkel nicht wirklich beeindruckt. Nur bei der Atompolitik, freilich unter dem Eindruck des Reaktor-GAU in Fukushima, hat sie sich nicht getraut, gegen die Mehrheit standzuhalten.

Würde Angela Merkel nun also für Macht und Mehrheiten alles machen? Antwort eines FDP-Regierungsmitgliedes auf einem Höhepunkt der FDP-Existenzkrise Frühjahr 2012: »Wenn wir in Nordrhein-Westfalen und in Schleswig-Holstein aus den Landtagen fliegen, sucht sie sich eine passende Gelegenheit und schmeißt uns raus. Dann hat sie wieder ihre große Koalition. Hauptsache, sie bleibt im Kanzleramt.« Die Probe aufs Exempel blieb freilich aus, die FDP in den Landtagen. Aber es spricht viel dafür, dass der FDP-Minister mit seiner Prognose im Fall des Falles falsch gelegen hätte – weil eine schwache FDP die (Regierungs-)Macht Merkels keineswegs gefährdet, zumindest nicht in den Augen Angela Merkels.

Meine Antwort also: Ohne existenziellen Notstand für die Republik würde Angela Merkel im Kanzleramt nichts unternehmen, was ihre Partei (und damit Macht und Mehrheit) auf Dauer im Kern gefährden könnte. Aber das bleibt eine Mutmaßung, denn die Kanzlerin hatte bislang Glück: Sie musste noch nie entscheiden zwischen dem offenkundigen Wohl des Landes und dem kurzfristigen Interesse ihrer Partei – weil beides bislang bei keiner Gelegenheit wirklich unversöhnlich gegeneinander stand. Nicht umsonst heißt die CDU »Staatspartei«.

Merkels Vorgänger Gerhard Schröder musste sich an einem bestimmten Punkt entscheiden. Und tat es zu Gunsten des Landes, was ihm bis heute den Respekt vieler sichert, die ihn nie und nimmer gewählt haben. Schröder stellte sich mit den Reform-Gesetzen der Agenda 2010 überaus klar gegen seine eigene Partei, öffnete der Linkspartie die Bahn und brachte damit die SPD um den Rang einer Volkspartei, vielleicht für immer.

Angela Merkel dagegen konnte dem Land und der CDU in aller Ruhe zu einer neuen Einwanderungspolitik verhelfen – in Wahrheit brauchten sie sie beide. Das Land war auch der Wehrpflicht entwachsen, und die CDU konnte ihre Abschaffung verkraften. Das Land braucht mehr Frauen im Job, Kinder aus benachteiligten Milieus in der Früherziehung – und die CDU ohnehin ein neues Frauenbild.

Weil er also einen Gegensatz zwischen CDU-Wohl und Staatswohl zur Prämisse nimmt, der in dieser Schärfe nicht existiert, ist der Vorwurf der Machtversessenheit ein künstlicher. Erhoben von einer lautstarken Minderheit, die fest glaubt, im Recht zu sein, eben weil sie in der Minderheit ist. Das könnte man elitär nennen. Oder ziemlich arrogant.

Offen ist freilich, wie lange die ungefähre Parallelität der Interessen zwischen der Staatspartei CDU und dem Staat beim Thema Euro reicht. Gut möglich ist nämlich, dass Angela Merkel den Zusammenhalt von CDU/CSU und Regierung riskieren muss, um ihre Art der Euro-Rettungspolitik durchzuhalten.

Eines gar nicht so fernen Tages könnte es sein, dass sie in eine Bundestagsabstimmung gehen muss, ohne zu wissen, ob sie hinterher noch Kanzlerin ist – ganz wie Gerhard Schröder bei den Abstimmungen über unter anderem die Hartz-Reformen. Es wird der Moment sein, an dem sich abschließend die Frage beantwortet, ob Angela Merkel für die Macht alles macht, beziehungsweise das offenkundig Gebotene aus Angst vor dem Machtverlust unterlässt. Und ich wette, sie würde ihre Macht riskieren.

Wie viel Inszenierung steckt in Angela Merkel? Und wie viel weibliche Eitelkeit?

Von Angela Merkel gibt es fürchterliche Fotos. Hängende Mundwinkel, hängende Augenlider, hängende Haare. Es gibt natürlich auch symphatische Fotos von ihr, frisch lächelnd und aufgeräumt. Aber wenn Berliner Profi-Fotografen die Menschen in zwei Gruppen aufteilen, die eine, die ohne großes Zutun auf Fotos gut aussieht, und die andere, die eher spröde wirkt, dann gehört die Kanzlerin in die letztere Gruppe. Denn Angela Merkel und die Kamera lieben einander nicht, sie haben eine Arbeitsbeziehung. Vermutlich hat sie am Anfang ihrer Karriere Kameras sogar »gehasst«, wie manch einer schrieb. Und als vor einigen Jahren der Conferencier sie bei einem Tag der offenen Tür im Kanzleramt fragte, was sie davon halte, so oft fotografiert zu werden, da war ihre Antwort: Sie finde es ganz gut, dass man als Kanzlerin »nicht den ganzen Tag draußen ist«. Unter dem Strich jedenfalls weiß Angela Merkel wie wohl jeder Mensch genau, welche Fotos sie von sich haben will. Und noch genauer, welche nicht.

Die Kanzlerin pflegt durchaus weibliche Eitelkeiten, weil sie die Gelegenheiten dazu hat, die Mittel und – wie sie meint – die Pflicht. Sie ist der Inbegriff von »operativer Eitelkeit«, nicht in erster Linie um der eigenen Person willen, nicht als narzisstischer Selbstzweck, sondern als Mittel zum Zweck: zum Gewinnen von Sympathie, Glaubwürdigkeit und Zustimmung. Für Fotos zu posieren, ist nicht gerade ihre Lieblingsbeschäftigung. Aber wahr ist auch: Nach zwei Amtszeiten ist ihre Arbeitsbeziehung zur Kamera eine ziemlich professionelle. Und eine handfeste Portion Eitelkeit gehört dazu.

Um es gleich vorneweg zu sagen: Nein, dass über Angela Merkels Äußeres regelmäßig geredet und geschrieben wird, ist nicht die Gemeinheit, nicht der Machismo einer überwiegend männlichen Journalisten-Meute. Über das Äußere ihres Vorgängers Gerhard Schröder wurde mindestens so viel Tinte vergossen, beileibe nicht nur in den bunten Blättern. Als er im Brioni-Edelmantel posierte, gab es sowohl eine Mode- als auch eine handfeste Links-reden-rechts-leben-Debatte um den SPD-Kanzler. Als ihm eine obskure Imageberaterin in einer Meldung der kleinsten aller deutschen Nachrichtenagenturen nachsagte, er ließe seine Haare dunkel färben, zog der Kanzler vor Gericht. Der Glaubwürdigkeit wegen, sagten die, die ihm wohlwollten. Weil er saueitel war, sagten die anderen (und die hatten recht).

Helmut Kohl wiederum ist 1997 in vielen deutschen Blättern in Badehose an einem australischen Pool verewigt worden, als »schwarzer Riese« *(FAZ)*. Als Paparazzi der englischen Boulevard-Presse Angela Merkel 2006 im schwarzen Badeanzug ablichteten, druckte dagegen kein namhaftes deutsches Blatt das wenig vorteilhafte, von hinten geschossene Foto. Und schließlich: Wie anhaltend erregt ist über das gegelte, gestylte Äußere des später gestürzten Verteidigungs-Ministers Karl-Theodor zu Guttenberg gelästert worden, der wie ganz lange keiner mit Inszenierungen sich selbst zu erhöhen, aber auch seine politischen Ziele durchzusetzen wusste? Da hat sich keine jener Feministinnen in die Bresche geworfen, die ansonsten berechenbar die Stimme erheben, wenn es öffentlich um das Äußere Angela Merkels geht. Es hat in puncto Äußerlichkeiten also wahrlich nicht nur Nachteile, eine Politiker*in* zu sein. Und sei es nur in jenen (gar nicht so seltenen) Momenten, wo Angela Merkel die einzige farbig gekleidete Person inmitten einer Herde männlicher Kollegen in dunkelgrauen Anzügen ist – und allein deshalb der bunte Blickfang inmitten der Flanellmännchen.

Also: Wer in Deutschland Spitzen-Politiker sein will, bei dem zählt auch das Äußere: Stil, Kleidung, Habitus. Und es zählt, was Fotos von ihm hergeben, was er mit Fotos den Menschen von sich und seiner Arbeit zu erzählen hat. Auch Angela Merkel weiß das. Es war aber kein ganz kurzer Weg, bis sie es wusste.

Eine entscheidende Etappe begann wohl im Februar des Jahres 2000: Da erzählt der bayerische Ministerpräsident Edmund Stoiber in der Talkshow *Beckmann* von seinen erwachsenen Töchtern. Die hätten ihm gesagt, Frau Merkel könne »doch viel mehr aus ihrem Typ machen«. *BILD* fragt tags drauf: »Braucht Angela Merkel eine neue Frisur?«, und macht, nicht faul, per Fotomontage gleich ein paar Vorschläge. Irgendwo in dieser Zeit liegt der Beginn der Wandlung; liegt der Moment, in dem manch guter (weiblicher) Rat bei Angela Merkel verfängt. Und es gibt ernst zu nehmende Beobachter in der CDU, die im Rückblick sagen: Als Angela Merkel den Kotau vor der Bedeutung von Äußerlichkeiten und modischen Zwängen gemacht habe, sei ihnen klar geworden: Die will wirklich ins Kanzleramt.

Also ließ sich Angela Merkel vor Auftritten in Fernsehstudios schminken, was sie vorher zumeist für überflüssig gehalten hatte. Sie ließ einen Berliner Promi-Friseur ihre Frisur schrittweise verändern. Weil sie als CDU-Vorsitzende fast täglich fotografiert wurde, vollzog sich der Fortgang der Verwandlung mithin in kleinen, einzeln wenig auffallenden Etappen. Angela Merkel veränderte auch ihren Mode-Look, hörte u.a. auf den Rat einer CSU-Kollegin, Hosenanzüge zu tragen. Sie ging auf den Vorschlag von Kundinnen der Designerin Anna von Griesheim ein, sich bei dieser Modeschöpferin verstärkt einzukleiden. Manche der Stücke trägt sie in unterschiedlichen Kombinationen noch heute, auch wenn sie ihre vielen farbigen Blazerjacken anderswo bezieht. Ein rundes Dutzend kommt nach vagen Schätzungen pro Jahr neu hinzu, alle selbst bezahlt, und es zählt zu den Spielchen sich langweilender Hauptstadt-Korrespondenten/innen zu raten, in welcher Farbe sie zum nächsten Anlass erscheinen wird. Ein guter Tipp dabei ist übrigens schwarz, auch weil sie diese Farbe immer in den halbprivaten Räumen im achten Stock des Kanzleramtes parat und auch stets im Gepäck auf Auslandsreisen hat – für den Fall der Fälle, eine Trauer- oder Todesfall-Botschaft vor den mitreisenden Kameras kommentieren zu müssen.

Nicht, dass es Angela Merkel völlig gleichgültig war, was sie vor Beginn ihrer Wandlung trug oder besser nicht getragen hätte. Aber hätte sie von sich aus begriffen, dass sie etwas ändern muss? Wäre sie ohne fremden Anstoß durch die Läden gestreift, Angela Merkel beim Shoppen? Hätte sie von sich aus (als CDU-Vorsitzende) einem Talkshow-notorischen Berliner Star-Friseur gesagt, ich brauche am Ende diese und diese Frisur, aber nicht auf einen Schlag, damit es nicht so auffällt und meine politischen Gegner gleich wieder was zum Totlachen haben? Nein, hätte sie alles nicht. Sie hat sich stattdessen beraten lassen, hat manchen Ratgebern vertraut, anderen nicht. Das ist Jahre her. Längst bringt sie selbstverständlich eine eigene Stylistin zu den meisten TV-Auftritten mit, besonders zu den Wahl-Duellen. Und auf jeder Kanzler-Reise ist Frau Keller dabei, die sie morgens und vor Auftritten schminkt und zurechtmacht. Ausgewiesen in den kleinen weißen Protokoll-Büchlein zu den Kanzler-Reisen ist Frau Keller als »Assistentin, Bundeskanzleramt«.

Auf dieser Strecke bis heute hat Angela Merkel einiges an Lehrgeld gezahlt: Entstanden sind Fotos, wie sie kein Politiker gern von sich in den Archiven weiß – wo sie jederzeit zur Bebilderung eines entsprechenden Story-Drehs hervorgeholt werden können. Angela Merkel hat sich mit Guido Westerwelle 2002 in ein Cabrio gesetzt, ihn ans Steuer gelassen und sah dabei aus, wie die arme Cousine vom Lande. Sie hat sich später fotografieren lassen, wie sie in die Luke von U-33 hinabsteigt und nur noch brustaufwärts herausragt. Als wäre sie in dem U-Boot-Abgang amputiert – oder »abgetaucht«, wie am nächsten Tag in etlichen Blättern gekalauert wird. Sie hat sich auf einem Schiff der Bundesmarine ablichten lassen, genau in dem Moment, wo mit Ansage vier Tornado-Düsenjäger im 50-Meter-Tiefflug darüber hinwegdonnern. Sogenannte »Mickey-Mäuse«, volumige Ohrenschützer, hatte sie abgelehnt und steht also mit zusammengebissenen Zähnen unter dem infernalischen Lärm, den sie trotz aller Warnungen wohl unbedingt aushalten wollte – eine irre Grimasse.

Heute weiß sie besser, welche Fotos sie von sich zulässt, welche nicht: Am besten nicht zu viele auf einmal, weshalb

Pressefotografen bis heute regelmäßig hören: »Ein Foto noch, das muss dann aber reichen, Sie haben doch schon drei Minuten lang welche gemacht.« Und wenn es Fotos gibt, dann nicht von unten, denn das macht Doppelkinn. Nicht im Gehen, weil sie nicht federnd schreitet, sondern immer mit leicht steifen Knien zu staksen scheint. Und nie, nie, nie im Sitzen auf der Schreibtischkante, weil das wirklich nicht schlanker macht.

Weiterhin tabu ist auch jede Form von Homestory, keine Fotos also aus ihrem Wochenendhaus in der Uckermark, keine Fotos aus ihrer Berliner Stadtwohnung schräg gegenüber vom Pergamonmuseum. Und, ganz wichtig für Fotografen, die weiter vorgelassen werden wollen: keine Fotos im Regierungsflieger, schon gar nicht, wenn die Kanzlerin nach einem Transatlantikflug morgens früh mit verwuseltem Haar durch den Kabinengang kommt. Manche der Kollegen versuchen es trotzdem, es ist ja ihr Job. Doch wenn sie die Kamera vors Auge heben, ernten sie jedes Mal dasselbe mehr oder minder mürrische »Hier nicht!« oder »Muss auch mal gut sein!« der Kanzlerin. Ebenso strikt geht Merkel zumeist gegen Paparazzi-Fotos aus ihren Ferien vor. Ihre Regierungssprecher haben schon häufig bei Agenturen interveniert, um solche »Abschüsse«, wie sie unter Profis genannt werden, aus dem Verkehr zu ziehen. Solchen Einsatz würdigt Merkel meist postwendend mit einer oder mehreren Dankes-SMS, ganz gleich, ob sie mitten in der tiefsten Euro-Krise steckt oder beim Wochenend-Kochen in der Uckermark-Datsche. Das höchste der Gefühle an *homestory* ist bis heute der Fotoband geblieben, für den Merkel unter anderem in der Küche des Kanzleramtes posierte, das Lächeln freilich so steif wie geschlagene Sahne.

Beim politischen In-Szene-Setzen, beim Inszenieren hat Angela Merkel im Laufe der Jahre fast alle Scheu verloren. Sie ließ die Fotografen des Bundespresseamtes immer näher an sich heran, auch für Bilder vom Alltag hinter den Kulissen des Kanzleramtes. Sie fuhr im Sommer 2007 auf einem dänischen Patrouillenboot vor den großen Gletscher von Ilulissat; die knallrote Windjacke hob sich perfekt von der Kulisse ab. Sie besuchte 2010 halbnackte Fußball-Nationalspieler in deren Kabine nach einem Länderspiel gegen die Türkei; der Handschlag mit dem Mesut Özil wirkte sehr locker. Und sie stieg 2012 verschmitzt lächelnd ins Vogelgehege eines Tierparks; das Federkleid eines grünen Papageien passte tongenau zu ihrer eigenen quietschgrünen Blazerjacke. Alles Zufall? Naja.

Sei's drum: Ohne Inszenierungen, ohne die Versinnbildlichung eines politischen Vorhabens geht es auch in der deutschen Politik längst nicht mehr. Wenn das Publikum nicht für dumm verkauft wird, dann sind Theaterdonner, Dramaturgie und Effekt erlaubt, ohne die jene große Erzählung nicht gelingt, die in Wahrheit alle hören wollen – nicht nur die gelangweilten Journalisten. Willy Brandt kniete in Warschau, die Fotografen keine zwei Meter von ihm entfernt. Klaus Töpfer schwamm als Umweltminister im schmutzigen Rhein. Helmut Kohl und François Mitterrand hielten Händchen an den Gräbern von Verdun. Und Angela Merkels rote Jacke vor schmelzendem Gletscher muss nicht, kann aber Klimapolitik sein, indem die Schönheit der Natur zu etwas stilisiert wird, das wert ist, mit zig Milliarden Steuergeld gerettet zu werden.

Manche leitartikelnde Journalisten mögen das lächerlich finden. Doch mehr als drei Viertel der Deutschen entscheiden auch anhand solcher Bilder, welchem Politiker sie glauben und welchem weniger – aber nicht etwa, weil sie blöd sind: Ein politisches Programm, einen Anspruch in einem Bild zu verdichten, ist hohe Kunst, die graue Politik bisweilen hinreißend schön machen kann. Die Sprache von Bildern muss nicht flacher oder ärmer sein als die von Worten. Wenn genug Wahrheit in ihnen steckt, können Inszenierungen Geschichten erzählen, die geglaubt werden und deshalb wirken. Nur ein Beispiel: Gerhard Schröder dürfte 2002 auch deshalb eine schon verloren geglaubte Bundestagswahl noch herumgerissen haben, weil er sich über etliche Jahre glaubwürdig als Kämpfer inszeniert hatte, als Aufsteiger, der bis aufs Blut verteidigt, was er einmal in Händen hat. Das haben die Leute gesehen, geglaubt, und sie hatten Hochachtung davor.

Für Angela Merkel wiederum ist entscheidend: Weil sie weiß, dass sie anders als Schröder nicht zu den automatisch fotogenen Personen der Zeitgeschichte gehört, will sie das Maximum an Kontrolle ausüben. Im Bundestag oder auf offener Bühne geht das nicht, das weiß auch Merkel und sagt: »Innerhalb von 60 Minuten gucke ich dreimal griesgrämig. So bin ich halt. Wenn's schlecht läuft, krieg ich halt schlechte Fotos.« Und ihr Regierungssprecher Steffen Seibert ergänzte einmal: »Die Kanzlerin weiß, dass sie überall, wo sie auftritt, Gegenstand eines Fotos werden kann. Sie akzeptiert das. Auch beim Gang in die Kirche zur Beerdigung ihres Vaters.«

Fotografen, die mehr wollen als den aktuellen Schnappschuss vom Tage, müssen dagegen nach ihren beziehungsweise nach den Regeln ihrer Medienberater spielen. Einem aufwändig herbeigeführten Foto gehen deshalb aufwändige Verhandlungen voraus wie dem 2009er *remake* eines Bildes der Jung-

Politikerin Angela Merkel aus dem Jahr 1990. Damals hatte sie mit Ostsee-Fischern in einer dunkel verrauchten Hütte auf Rügen, ihrem Wahlkreis, gesessen und war fotografiert worden. Knapp 20 Jahre danach will *BILD* das längst legendäre Foto im Bundestagswahlkampf 2009 wiederholen, in derselben Hütte, mit denselben Fischern und mit Angela Merkel natürlich. Allein: Die Hütte hat kein dichtes Dach mehr, steht schon lange leer, und die Fischer selbst haben es auch nicht alle gleichermaßen gut über die beiden Jahrzehnte geschafft (um es vorsichtig auszudrücken). Merkel reizt dieses *remake*, aber dem Zufall will sie nichts überlassen und stellt etliche Bedingungen. Am Ende gibt es ein Foto, das zusammen mit einem langen Interview gedruckt wird.

Sie ist ein Profi, mindestens so sehr wie der vermeintliche Meister aller Polit-Inszenierungen, Karl-Theodor zu Guttenberg. Der hatte zwar einen enormen Instinkt für die Kraft und den Moment von Bildern, aber wenn »Inszenierung« auch »Kontrolliertheit« heißt, dann war zu Guttenberg von ziemlich schwankender Qualität beim In-Szene-Setzen seiner selbst. Ein Bild auf der Titelseite einer *BILD*-Sonderausgabe als 3-D-Posterboy-Pilot vor einem Tornado-Kampfflugzeug wäre mit Merkel ebenso wenig zu machen gewesen wie jenes Foto, das Guttenberg als frischen Wirtschaftsminister mit Was-kostet-die-Welt?-ausgebreiteten Armen auf dem New Yorker Times Square zeigt. Sie hätte den politischen Bumerang gefürchtet, wäre auch vor dem Anspruch der Geste zurückgeschreckt. Guttenberg hat beides als Spiel geliebt. Die Kanzlerin dagegen liebt keine Spiele und schon gar keine Spielchen. Sie liebt, wenn es klappt. Und wenn es droht, nicht zu klappen mit einem guten Foto, dann kann sie fuchtig werden, wie im *Spiegel* Mitte 2008 süffisant beschrieben: Da hatte sich bei einem Auftritt der Kanzlerin ein Sicherheitsmann aus Versehen zwischen sie und die Kameras manövriert – und bekam es dicke: »Det is ja keen Bild hier«, schoss es in typisch verschliffenem Deutsch aus Merkels Mund. »Geh'n Se doch mal 'n bisschen aus der Latüchte.«

Trotzdem würde sie nicht lieber ständig einen Leib- und Magen-Fotografen um sich haben, wie das andere Staats- und Regierungschefs selbstverständlich tun. Die Kanzlerin hat keinen solchen Hof-Fotografen im engeren Sinne, die Kollegen vom Bundespresseamt begleiten sie zwar häufig, aber eine besondere Beziehung scheint sie zu keinem von ihnen zu haben. Ein wenig heraus ragt derzeit nur Andreas Mühe. Zu besonderen Anlässen nimmt sie den Sohn des bekannten DDR-Schauspielers Ulrich Mühe mit an Bord der Kanzlermaschine. Mühe ist auch dabei, als sie Mitte 2011 die »Medal of freedom« aus der Hand von US-Präsident Barack Obama erhält, die mit faszinierendem Pomp verliehene höchste zivile Auszeichnung der Vereinigten Staaten von Amerika. Als sie in einem etwas ruhigeren Moment mit Obama zusammensteht, winkt sie Mühe heran, um ein, um *das* Foto zu machen. Selbst enge Mitarbeiter sind da baff, das macht Merkel sonst nie: »Keinen lässt sie so nah an sich heran wie Andreas Mühe.« Gut möglich, dass Mühe wie 2009 Merkel für die Wahlplakate fotografieren wird, die im Bundestagswahlkampf 2013 ihr Konterfei überlebensgroß zeigen werden – und die allseitigem Vernehmen nach mit Photoshop sorgfältig bearbeitet sind, nicht nur bei der Länge der Fingernägel. Wer diese Plakate heute und vor vier Jahren miteinander vergleicht, muss das Amt einer Bundeskanzlerin für einen märchenhaften Jungbrunnen halten. Wer Angela Merkel nach manchem ihrer 14-Stunden-Tage noch einmal aus der Nähe zu sehen bekommt, weiß es besser. Keine Frage, die Bilder sind, was man »professionell geschummelt« nennen würde. Auch Angela Merkel lässt das machen, wie wohl alle ihrer Vorgänger auf die eine oder andere Art.

Dass sie eine Frau ist, hat damit wenig zu tun, wahrscheinlich gar nichts. Überhaupt kann Angela Merkel mit der politischen Überhöhung des eigenen Geschlechts wenig anfangen. Sie weiß, dass sie als erste Frau der Bundesrepublik mindestens diesen Eintrag im Geschichtsbuch sicher hat, und sie wird im achten Jahr der Kanzlerschaft immer noch von Frauen gerade darauf angesprochen. Aber als die heutige Grünen-Chefin Claudia Roth zu Beginn ihrer ersten Amtszeit sagte: »Ich erwarte von einer Kanzlerin Angela Merkel, dass sie ihr Frausein nicht versteckt«, da fehlte Angela Merkel schlicht der westdeutsche Resonanzboden, um zu verstehen. Sie habe aus der DDR ja den ganzen Kampf der Bundesrepublik um Emanzipation, Paragraph 118, männlichen Sexismus und andere große »Frauen-Themen« nicht miterlebt, sagt sie zur Begründung. Sie könne die immer wieder aufflammende Debatte um den »richtigen« Lebensentwurf von Frauen nicht annähernd so erregt führen wie westdeutsche Frauen einer bestimmten, ihrer Generation. Das sagt sie beileibe nicht nur über Grünen- oder SPD-Frauen, sondern auch über die Frauen-Union ihrer eigenen Partei und fragt – vermeintlich – naiv: »Kann man denn nicht auch verschiedene Lebensentwürfe schön finden?« Tatsächlich, muss man hinter jedem Argument für einen anderen Lebens- oder Familienentwurf den Vernichtungsschlag gegen die eigenen Lebensentscheidungen wittern? So ist es wohl bei »Frauen-Fragen« in Deutschland quer durch alle Schichten. Das weiß längst auch die Kanzlerin. Aber es lässt sie jedes Mal aufs Neue achselzuckend davorstehen – als würde sie immer noch über die Mauer auf den Westen schauen und die Probleme, die er sich macht, weil er manchmal keine anderen hat.

Deshalb muss man vermuten, dass noch nicht einmal die provokanteste Einzel-Entscheidung zu ihrem Äußeren ein Statement im geschlechtlichen Sinne war: ihr tief dekolletiertes Ballkleid, das sie zur Eröffnung der Osloer Oper 2008 trug. So viel Haut hatte die Kanzlerin noch nie gezeigt, nicht nur die bunten Blätter überschlugen sich. Wusste Merkel wirklich nicht, was die Bilder auslösen würden? Oder wollte sie einfach einmal sehen, dass sie etwas Derartiges auslösen kann, in Anlehnung an den Begriff der »Beredsamkeit des Körpers«, wie es das Handbuch der politischen Ikonographie nennt? Klarheit wird es darüber wohl nie geben. Gerd Langguth, Autor einer Merkel-Biographie, meint zu wissen, sie habe den Auftritt »gezielt eingesetzt«. Merkels damaliger Vize-Sprecher Thomas Steg sagte hinter vorgehaltener Hand: »Vermutlich hat sie der Hafer gestochen.« Es würde nicht wirklich zu ihr passen, aber man möchte es irgendwie gern glauben, oder?

Die hat doch bestimmt ein Problem mit Männern?

Wird Angela Merkel auf den Unterschied zwischen Männern und Frauen in der Politik angesprochen, und das wird sie häufig, dann antwortet sie gern mit einer kleinen Geschichte über Mädchen und Jungs. Die geht so: Wenn ihre Klasse zur Physikstunde ins Schullabor durfte, seien meistens die Jungen zuerst hineingestürmt und hätten ohne großes Überlegen angefangen, mit den aufgebauten Apparaturen zu hantieren. »Und nach fünf Minuten war oft die ganze Anordnung kaputt.« Die Mädchen dagegen hätten still danebengestanden und skeptisch zugeguckt, auch das Mädchen Angela.

Wer nach bald acht Jahren ihrer Kanzlerschaft über Angela Merkels Verhältnis zu den Männern in der Politik nachdenkt, der kommt an dieser Anekdote nicht vorbei. Sie liefert eine These, die kaum zu schlagen ist: Angela Merkel hat keine »Mädchen-Tricks« (oder -Tugenden) eingesetzt, um nach oben zu kommen und sich dort zu halten. Aber ihre Konkurrenten haben ganz viele »Jungens-Fehler« gemacht, jeder auf seine Art. Der Christian, der Edmund, der Friedrich, der Günther, der Jürgen, der Karl-Theodor, der Norbert, der Ole, der Peter, der Roland, der Stefan und sogar der Wolfgang. Wie in dem Physiklabor. In einem Glückwunsch zu Merkels 50. Geburtstag (2004) hat es der gewiefte CSU-Strippenzieher und später so glücklose Wirtschaftsminister Michael Glos auf den Punkt (und zugleich knapp daneben) gebracht: »Eines der Geheimnisse des Erfolges von Angela Merkel ist ihr geschickter Umgang mit eitlen Männern. Sie weiß: Auerhähne schießt man am besten beim Balzen. Angela Merkel ist eine geduldige Jägerin der balzenden Auerhähne.«

Ein typischer Glos. Richtig daran ist: Uneitel zu sein, kann eine Waffe sein; Eitelkeit dagegen eine Gefahr für den, der sie nicht im Griff hat. In die Irre führt an Glos' Worten: Beide Sätze gelten für beide Geschlechter. Angela Merkel ist in der Tat denkbar uneitel; der derzeitige Favorit auf ihre Nachfolge aber auch: Thomas de Maizière. Ex-Umweltminister Norbert Röttgen ist eitel und gescheitert; Arbeitsministerin Ursula von der Leyen ist eitel, aber noch gut im Rennen um die Führung nach Merkel.

Aber zum Kern: Hat Angela Merkel »ein Problem« mit Männern? Umgibt sie sich überwiegend nur mit Frauen, weil sie nur Frauen vertraut, dem sogenannten »girls camp«? Hat sie wirklich ein Dutzend Männer abgeknallt wie die liebestollen Auerhähne? »Ach, Angela«, soll Michael Glos einmal in einer Besprechung geseufzt haben. »Ach, Angela, wer ist dein nächstes Opfer?« Das war im Jahr 2000. Heute, 2013, ist die Liste derer lang, die sich als Opfer »der Merkel« sehen. Aber wurden sie in Wahrheit nicht vor allem Opfer ihrer eigenen Fehler? Ein Gründungsmitglied des geheimnisumwitterten »Andenpakts« junger (ausnahmslos männlicher) CDU-Politiker legt diesen Gedanken nahe. Er sagt heute: »Wir wussten doch gar nicht, wie man eine Frau als politische Konkurrentin attackiert. Die gab es in unserer Generation in der Jungen Union ja gar nicht.«

Unter dem Strich spricht eine Menge dafür, dass jene Herren, die Angela Merkel am Wegesrand zurückließ, in Wahrheit vorwiegend über die eigenen Füße stolperten. Merkels Beitrag bestand maximal darin, den einen oder anderen in eine Situation manövriert zu haben, in der ihm nur noch Fehler zur Auswahl blieben. Und ausgenutzt hat sie die Schwäche der Männer, ihrer Rivalen, natürlich nach Kräften und mit großem Behagen. Was die Fehler eines anderen für sie bedeuten, das scannt und wertet sie in atemberaubender Geschwindigkeit.

Dagegen hat die Theorie von »MM«, der »männermordenden Merkel«, zwar eindeutig mehr *sex appeal* als alle anderen, aber sie hält eben nicht stand: Verteidigungsminister Karl-Theodor zu Guttenberg und Bundespräsident Christian Wulff sind an ihren Eigenarten, Verfehlungen und nicht zuletzt den Medien gescheitert, nicht an Merkel. Baden-Württembergs Ministerpräsident Stefan Mappus wäre noch im Amt, hätte es den Reaktor-GAU von Fukushima nicht gegeben. NRW-Ministerpräsident Jürgen Rüttgers hat seine Wahl selbst verloren, die Bundespolitik hat es ihm nicht leicht gemacht, aber eine Intrige der Kanzlerin war die Niederlage nun wirklich nicht. Ähnlich erging es David McAllister in Niedersachsen drei Jahre später. Hamburgs Bürgermeister Ole von Beust hatte genug von der Politik, ein Konkurrent von Merkel war er nie, also kann er auch kein Opfer sein. Dasselbe gilt für Saarlands Ministerpräsident Peter Müller. Und Edmund Stoiber schließlich fehlten 2002 einige Tausend Stimmen, und er wäre Kanzler gewesen. Nach der Niederlage aber war seine Zeit als Kanzler in spe um, weil ein CSU-Chef so eine Chance, wenn überhaupt, nur einmal im Leben bekommt.

Bleiben Friedrich Merz, Günther Oettinger, Roland Koch und Wolfgang Schäuble. Ersterer hat seinen Posten als Unions-Fraktionschef an Angela Merkel verloren, weil das der Preis war, den Edmund Stoiber für seine Kanzlerkandidatur an die CDU-Chefin bezahlen musste. Sie sagte die CDU-Unterstützung seiner Kanzlerkandidatur zu (und hielt Wort); er sagte zu, dass die CSU-Abgeordneten nach der Wahl in jedem Fall sie zur Fraktionsvorsitzenden wählen würden. Das hatte Merz so nicht erwartet, und er fühlt sich von beiden bis heute hintergangen. Andererseits: So nüchtern Stoiber seine damalige Abwägung pro Merkel, contra Merz in seinen Memoiren beschreibt, so klar hätte Merz der Gang der Dinge sein können, als die Bundestagswahl 2002 verloren war. Baden-Württembergs Ministerpräsident Günther Oettinger wurde – auch von Merkel – nach Brüssel in die EU-Kommission weggelobt, aber wirklich aus männermordender Machtgier? Oder weil die Baden-Württembergische CDU dessen Stuhl ohnehin fast durchgesägt hatte? Hessens Ministerpräsident Roland Koch schließlich würde sich, wenn überhaupt, nicht als Opfer von Angela Merkel sehen, sondern als eines von Manfred Kanther. Die schwarzen Spendenkassen der Hessen-CDU unter Kanther, das unsägliche Wort von den »jüdischen Erblassern«, sie hatten Kochs Weg bis an die oberste Spitze der Bundesrepublik früh verbaut – ganz ohne Zutun Merkels.

Und Wolfgang Schäuble? Er stolperte über die CDU-Spendenaffäre, und als er Bundespräsident werden wollte, hat ihn Merkel kalt blockiert. Wohl wahr. Aber auf den »badischen Preußen« Schäuble passt das Bild von den Auerhähnen, die beim eitlen Balzen abgeknallt werden, ganz und gar nicht. Bei seiner Eitelkeit ist Schäuble nicht zu packen. Angela Mer-

kel hat ihn nicht geknackt, wenn das je ihre Absicht gewesen sein sollte. Er ist weder Vasall noch Rivale. Er ist ihr mit Abstand wichtigster Minister. Mitte 2012 waren sie beide einmal gemeinsam im Kino, im Film *Ziemlich beste Freunde*. »Sieht das seltsam aus, wenn wir beide dahin gehen?«. soll Merkel gefragt haben. »Nee«, soll er geantwortet haben. Und dann gingen sie also ins Kino, lachten aus vollem Halse, aber siezen sich weiterhin. Das hängt, so mutmaßt einer, der sie beide ganz gut kennt, damit zusammen, dass keiner von beiden weiß, ob er das Du anbieten könne. Er, obwohl sie die Chefin ist? Sie, obwohl er der Ältere ist?

»Die Starken gehen, die Schwachen bleiben«, so lautet der abgewandelte Vorwurf, wenn also widerlegt ist, dass Merkel die Männer allesamt weggebissen habe. Dann heißt es also: Sie habe sie nicht gehalten, sie habe kein Klima geschaffen, in dem die Männer hätten bleiben wollen. Wahr ist: Merkel hat nicht viel unternommen, um die abgängigen CDU-Ministerpräsidenten zu halten. Aber in welchen Ämtern auch? Es scheint wesentlich plausibler, auf den üblichen Pendelschlag zu verweisen, der zwischen Bund und Ländern hin- und hergeht. Regiert eine Partei im Bund, scheint sie unweigerlich in den Ländern zu verlieren, also Ministerpräsidenten freizusetzen. Tatsächlich sind die meisten der »Merkel-Opfer« eben solche CDU-Ministerpräsidenten. Und man darf wetten, dass sie nicht so akribisch gezählt würden, wenn seit fast acht Jahren ein CDU-Mann im Kanzleramt säße. Wahr ist auch: Viele Tränen hat sie wohl keinem der Herren nachgeweint. Das heißt: keinem außer einem – Karl-Theodor zu Guttenberg. Hegte sie für den gefallenen Engel der deutschen Pop-Politik so etwas wie mütterliche Gefühle? Nicht wenige in Berlin glauben das, erst recht, nachdem man sehen konnte, wie intensiv sich Merkel beim Zapfenstreich für den Verteidigungsminister mit dessen Mutter unterhielt. Und wenn es keine mütterlichen Gefühle waren, hat doch das Faszinosum Guttenberg auch auf Angela Merkel seine Wirkung nicht verfehlt. Für keinen ihrer Minister oder Mitstreiter ging sie so früh so weit ins Risiko wie für »Karl-Theodor«, wie sie ihn nannte. Für ihn prägte sie einen Satz, der noch an ihr kleben wird, wenn von Guttenberg womöglich schon niemand mehr spricht, den von dem »Minister und nicht wissenschaftlichen Mitarbeiter«, den sie eingestellt habe. Es kommt nicht oft vor, dass die Kanzlerin und *BILD*-Kolumnist Franz-Josef Wagner auf einer Linie liegen. Hier taten sie es. »Scheiß auf den Doktor und lasst einen guten Mann einen guten Mann sein«, hatte der geschrieben.

Ganz nüchtern wiederum, ganz Merkel eben, hatte sie gesehen, was Guttenberg hatte, das sie nie haben wird. Die leichtfüßige Gabe, die Menschen zu erreichen, etwas bei ihnen auszulösen, und zwar ohne die billige Tour, sich als »Anti-Politiker« in Pose zu werfen. Einen CDU-Landesverband nach dem anderen habe Guttenberg gedreht, als es um die Abschaffung der Wehrpflicht gegangen sei, sagte Merkel zu seiner Verteidigung. Hut ab. Darum hielt sie so lange an ihm fest, weit über jenen Punkt hinaus, an dem klar war, dass Guttenbergs Doktorarbeit null und nichtig war. Ganz am Ende erst schaltete sie auf ihren üblichen Kanzler-Ton zurück: Es werde Zeit, dass Guttenberg »jetzt zu Potte komme«, sagte sie wenige Tage vor seinem Rücktritt. Wütend und traurig war sie, als es anders geschah als erhofft.

Hat die Kanzlerin und CDU-Chefin also niemanden »auf dem Gewissen«? Doch, hat sie. Zum Beispiel Norbert Röttgen und Erika Steinbach, die langjährige Chefin des Vertriebenen-Bundes. Den einen schickt Merkel mit aller Brutalität in die Wüste, weil er sich weigert, das fadenscheinige Ritual von freiwilligem Rücktritt mitzuspielen. Und weil sie ihm (vermutlich zu Recht) unterstellt, dass er in kleinen Kreisen über sie herziehe, obwohl er höchst eigenhändig gerade eine wichtige Landtagswahl vermasselt hat. Röttgens Abgang ist der Moment, in dem Merkels Revolution der CDU erstmals ihre Kinder frisst. Es hat sie nicht abgehalten. Der Wille zur Abrechnung muss groß gewesen sein. Die andere, Erika Steinbach, hat die Kanzlerin dagegen politisch »geopfert«, weil ihr das deutsch-polnische Zentrum gegen Vertreibung in Europa wichtiger war, an dem Steinbach aus Sicht der polnischen Regierung nicht teilhaben sollte. Eine besondere Bindung zu den Vertriebenen hat Merkel nicht, ebenso wenig zu Erika Steinbach – und sie war im Weg.

Frau gegen Frau also: Auch darin zeigt sich, dass Angela Merkel durch eine Geschlechterbrille nicht in den Blick zu kriegen ist.

Natürlich weiß sie, dass es manchmal von Vorteil ist, im Kreis von Männern die einzige Frau zu sein. Das gilt für Verhandlungen mit jenen europäischen Staats- und Regierungschefs, die sich wie die französischen quasi notorisch für begnadete Charmeure halten. Über den damaligen französischen Staatspräsidenten Nicolas Sarkozy (der sich definitiv für unwiderstehlich hielt) sagte sie einmal augenzwinkernd: »Es ist der Herzenswunsch von Nicolas Sarkozy, dass ihm keiner widerspricht. Aber den Gefallen kann ich ihm nicht tun.« Weiblich/männlich als Schema mag auch im Umgang mit dem einen oder anderen innerparteilichen Rivalen eine Rolle gespielt haben. Aber weniger auf ihrer Seite als auf der ihrer Konkurrenten, weil sie manche ihrer typisch männlichen Attribute im Rennen mit einer Frau nicht wie gewohnt einzusetzen wussten. Umgekehrt hat Merkel übrigens eingeräumt, eben diesen Andenpakt der ehrgeizigen Kerle in der CDU lange nicht richtig verstanden zu haben, vor allem das Männer-bündlerische daran. Damit ist das »Weibliche« rund um Angela Merkels Politik- und Machtstil aber schon auserzählt. Denn auch ihre engste Umgebung besteht aus Männern wie Frauen gleichermaßen.

Viel relevanter ist: Merkels ent-emotionalisierter Polit-Pragmatismus ist ganz einfach geschlechtslos.

Als Angela Merkel mit Deutsche-Bank-Chef Josef Ackermann nächtens um Milliarden für die erste Bankenrettung pokert, ist das nicht Frau gegen Mann (oder umgekehrt), es ist Profi gegen Profi. »Herr Ackermann, in zwei Stunden öffnet die Börse in Tokio, wenn wir bis dahin keine Lösung haben, gibt es auch in Frankfurt ein Erdbeben«, sagt sie ihm am Telefon, so wird später in Berlin berichtet. Da rückt Ackermann noch eine Milliarde im Namen der Privatbanken heraus, aber Merkel weiß, dass er längst nicht an die Grenze des Möglichen gebracht wurde. Am Ende ziehen beide den Hut, nicht galant, sondern aus Respekt. Als sie beim NATO-Gipfel in Kehl mit dem türkischen Premier Tayip Erdogan um den neuen Generalsekretär des Bündnisses ringt, dann ist das nicht Frau gegen Mann, sondern Regierungschef gegen Regierungschef. Und es gewinnt, wer länger sitzen bleibt, die besseren Nerven hat. Als Angela Merkel Ende 2011 bei einem G-8-Treffen dem griechischen Premier Papandreou erstmals offen mit dem Euro-Rauswurf droht, ist das nicht weiblich oder männlich sondern

eine wütend-verzweifelte Machtdemonstration. Gewiss, die Gegenüber sind immer Männer. Aber würde sie es mit Frauen anders machen?

Und mit einem darf man auch noch rechnen: Wenn es am Schlusspunkt der Amtszeit einen Zapfenstreich für die scheidende Bundeskanzlerin Angela Merkel gibt, dann wird sie sich weit weniger »weiblich« zeigen als ihre beiden männlichen Vorgänger. Anders als Helmut Kohl und Gerhard Schröder werden ihr nicht die Tränen kommen.

Wofür steht Angela Merkel wirklich? Und warum verachtet sie die Konservativen?

Eine kleine, bezeichnende Begebenheit vorweg: Angela Merkel ist gerade ein gutes Jahr Kanzlerin der großen Koalition mit der SPD, als sie Anfang 2007 aus Anlass der deutschen EU-Ratspräsidentschaft die sozialistische Fraktion im Europa-Parlament besucht. Deren Chef ist ein Deutscher, Martin Schulz, heute Präsident des Parlaments. Er begrüßt die CDU-Kanzlerin mit den Worten, »Willkommen, Genossin Merkel!« Antwort Merkel: »Ach, Sie machen aber auch immer Witze, Herr Schulz.« Nach einer halben Stunde ungefähr hat Merkel die Herzen der linken (bis extrem linken) Abgeordneten erobert, zum Abschied gibt es tosenden Beifall im Stehen.

Merkel und die Sozialdemokraten, das passt. Ist sie in Wahrheit längst selber eine? Und wenn nicht, wofür steht sie dann? Unverwechselbar, unverrückbar?

Wer vom Kern der Kanzlerin reden will, von Kompass und Charakter, der kommt an diesen Fragen nicht vorbei – und stößt auf Fragen. Denn Fragen mehr als Antworten und erst recht mehr als ewiggültige Antworten beherrschen das Denken Angela Merkels. Und zumindest theoretisch gilt: Auch Fragen können Kompass sein, dem eigenen politischen

Handeln Flughöhe und Richtung geben. Der Haken: Das befriedigt Außenstehende deutlich weniger, Getreue und Wähler zumal. Die beklagen den grassierenden »Relativismus« der Kanzlerin, das schwammig »Mittige«, das wertelos Beliebige.

Über den Kanzler Gerhard Schröder hat Angela Merkel im Interview-Buch mit Hugo Müller-Vogg vor zehn Jahren kurz und knapp gesagt: »Da regiert das Nichts.« Genau das sagen ihre Kritiker über sie seit zehn Jahren auch. Die Publizistin Gertrud Höhler langt noch härter hin. Wörtlich: »Wer Werte und Normen einer demokratischen Gesellschaft zur Manövriermasse macht wie Angela Merkel, der arbeitet am Zerfall der Demokratie.« Bezeichnenderweise kommt fast identische Kritik auch von links. Publizist Jakob Augstein wirft ihr regelmäßig alles Mögliche in Tateinheit mit Rückgratlosigkeit vor, sie opfere immer wieder »die Strategie der Taktik«.

Was also ist Merkels Mitte, oder gibt es sie gar nicht? Jener Punkt, bei dem sie immer ist, weil er unter keinen Umständen zur Disposition steht? Tatsächlich ist es zunächst deutlich leichter, die Frage zu beantworten, wenn sie andersherum gestellt wird: Wo ist Merkels Mitte *nicht?* Was steht zur Disposition?

Drei Felder sind zu nennen, und nicht gerade kleine: Reformen, Europa, Konservative.

Erstens, marktliberale Reformen. Angela Merkel hatte ihren Flirt mit Reformen für Wirtschaft, Arbeitsmarkt, Gesundheitssystem etc. Er war zu Ende, als sie 2005 mit Ach und Krach an die Regierung kam. Auf das rauschhafte Hochamt des Leipziger CDU-Parteitags 2003 mit Bierdeckel-Steuererklärung und Kopfpauschalen-Krankenversicherung folgte bei der Bundestagswahl zwei Jahre später die Ernüchterung – und die Umkehr. Teils erzwungen vom Koalitionspartner SPD, mit dem marktliberale Reformen naturgemäß nicht zu machen waren. Teils aber auch freiwillig hergeschenkt von einer Kanzlerin, die am Wahlabend für sich beschloss, »dass die CDU nie mehr die bessere FDP« sein soll. Guido Westerwelle, damals liberaler Oppositionsführer, reibt es ihr bereits wenige Monate nach Amtsantritt unter die Nase. Anfang 2006 liest er bei einer Bundestagsdebatte aus dem gemeinsamen Wahlkampf-Papier von ihm, Stoiber und Merkel aus dem September des vorhergegangenen Wahljahres vor und ätzt: »Das waren Ihre Worte, bis Sie Kanzlerin wurden. Halten Sie sich noch an das, was sie vor sechs Monaten für richtig gehalten haben?« Die FDP-Abgeordneten jubeln. Merkel lächelt ein vollständig unamüsiertes Lächeln, schmal und ohne Lippen.

Merkel-Freunde in der CDU sagen dagegen, dass es leicht (und unausweichlich) gewesen sei, »Leipzig« weitgehend wieder auszuradieren. »Leipzig war in der CDU nicht tief verankert, sondern ein Putsch von oben«, sagt heute einer der wenigen wirklichen Aktivposten im Kabinett. In dieser Lesart war der Leipziger Reform-Galopp ein Irrweg und hat sich Angela Merkel rechtzeitig eines Besseren besonnen. Schon als Friedrich Merz nach seiner umjubelten Rede auf dem Parteitag zurück auf seinen Platz auf dem Podium kam, beugte sich Sitznachbar Wolfgang Schäuble zu ihm herüber und wies ihn zurecht: Er habe jetzt »Erwartungen geweckt, die er nicht erfüllen könne«. Nicht in und mit dieser CDU.

Tatsächlich macht die Partei den Schwenk weg von der reinen (Wirtschafts-)Lehre bereitwillig mit, als Merkel beim ersten regulären Parteitag nach der Wahl im Herbst 2006 auf »sowohl als auch« umstellt und sowohl eine Hartz-IV-Verschärfung als auch eine Hartz-IV-Abmilderung ins Programm aufnehmen lässt. Letztere wird vom starken Arbeitnehmerflügel betrieben, den damals der NRW-Ministerpräsident und »Arbeiterführer« Jürgen Rüttgers repräsentiert. Die Botschaft ist klar, und sie hat sich bis heute nicht ernsthaft mehr verändert: Mehr Reformen mutet die CDU unter Angela Merkel den Deutschen nur noch zu, wenn sie zugleich mehr Sicherheit mitliefern kann. Hinzu kommt die inzwischen feste Überzeugung, dass die wichtigste Wirtschaftsreform von ihrem Vorgänger ohnehin schon bewerkstelligt wurde. Nämlich im Hochlohnland Deutschland de facto einen Niedriglohnsektor zu schaffen, der den Jobmarkt für den Einstieg von Millionen weniger qualifizierten Arbeitslosen öffnet.

Fazit: »Reformen« sind für Merkel nicht mehr Maßstab beim Verfolgen eines freiheitlichen Gesellschaftsentwurfes, in dem es auf den Einzelnen mehr ankommt als auf die Gemeinschaft. Stattdessen sind sie gegebenenfalls unausweichlich, um eine offenkundige Fehlfunktion im Wirtschaftsablauf mit Augenmaß zu reparieren. Das ist ein gewaltiger Unterschied. Es stellt freiheitliche »Reformen« als solche zur Disposition, macht sie wie so vieles andere zur Opportunitätsfrage. Damit ist Merkel der SPD, aber auch den meisten Wirtschaftsverbänden (die eigentlich überhaupt keine großen Reformen mehr fordern) in jene Defensive gefolgt, in der jedwede Veränderung vor allem eine gefährliche Zumutung darstellt – mit der man den Deutschen am besten so selten wie möglich kommt. Hans-Dietrich Genscher, wahrlich kein Ideologe oder Hardliner, nennt das »softi-sozialistische Denkungsarten«. Für ihn ist das schwarz-gelbe »Projekt« inzwischen tot und offen nur die Frage, ob es für Angela Merkel jemals lebendig war.

Zweitens, »mehr Europa«. Angela Merkel ist zu Europa über den Regierungs-Alltag und die Krise gekommen, nicht übers Herz. Das ist kein Vorwurf, weil sie ja bis 1989 in der DDR leben musste. Es fehlen ihr zwei ganz entscheidende Momente polit-psychologischer Aufladung, die all jenen gemeinsam sind, die in den großen Parteien die allgemeinen Europa-Überzeugungen über Jahrzehnte prägten. Nämlich zum einen, dass Europa eine Sache von »Krieg und Frieden« sei, also Deutschland seiner Vergangenheit wegen doppelt und dreifach Bringschuld für das Gelingen habe. Und dass die europäische Einigung zum anderen wie ein Fahrrad sei – wenn sie zum Stillstand kommt, fällt sie um. Deshalb sind Wolfgang Schäuble und Angela Merkel so fundamental unterschiedliche Pro-Europäer. Der Herzens-Europäer Schäuble wendet seine ganze Intelligenz und Kraft darauf, aus einer Europa-Krise das Momentum für Vertiefung zu holen, für mehr Europa im Sinne der 80er und 90er Jahre. Die Kopf-Europäerin Angela Merkel verwendet ihre ganze Intelligenz und Kraft darauf, die Krise zu beheben – was vielleicht zu größerer Vertiefung führt, vielleicht aber auch nicht. Die Herzens-Europäer glauben fest, dass »mehr Europa« auch dann zum Wohle der Deutschen ist, wenn es gegen deren erklärten Willen durchgesetzt werden muss. Angela Merkel glaubt das nicht, zumindest nicht bedingungslos. Sie verweist gern auf die Grenzen, die das Bundesverfassungsgericht ihr tatsächlich gezogen hat. Aber zugleich ist sie froh, dass Karlsruhe ihr so erspart, den Wählern zu erklären, wo sie selbst *ihre* Grenzen gezogen hat. Es ist nicht so, dass die Europäische Union oder

der Euro für Angela Merkel zur Verfügungsmasse würden, weil der politische Preis ihrer Bewahrung stetig steigt. Sie weiß sehr wohl, welches Erbe in ihren Händen liegt. Aber ebenso wahr ist: Einfach nur immer mehr Europa ist kein Überzeugungs-Kern der Kanzlerin. Ihr Satz »Scheitert der Euro, scheitert Europa« ist kein Glaubensbekenntnis, sondern eine mathematische Gleichung, oder besser: eine Wahrscheinlichkeitsrechnung.

Mitte 2011 wurde Alt-Kanzler Helmut Kohl, Ehrenbürger Europas, im *Spiegel* mit dem schnell dementierten Satz zitiert: »Die macht mir mein Europa kaputt.« Worauf Merkel insgeheim (aber zu Recht) antworten würde: »Dein Europa, lieber Helmut, gibt es eh' nicht mehr.« Anfang der 90er Jahre brauchte es ein, zwei Milliarden Mark, notfalls aus deutschen Kassen, um einen kippeligen EU-Etatgipfel zu retten. Heute geht es um das Hundertfache. Anfang der 90er Jahre stritt man in Deutschland mit Vorliebe um die Höhe des deutschen Netto-Beitrags, um einige Milliarden pro Jahr mehr oder weniger. Heute geht es darum, ob Deutschland bald für alle Staatsschulden der Euro-Zone haftet, das Mehr-Tausendfache. Ob das für Helmut Kohl ein Unterschied wäre, der als Junge in Ludwigshafen vom Bürgersteig heruntermusste, wenn französische Besatzer entgegenkamen, es mag offen bleiben. Für Angela Merkel ist es einer.

Der Bundestag hat seit 2010 erst ein Rettungspaket für Griechenland beschlossen, eines für Irland, eines für Portugal und noch ein zweites für Griechenland. Der Bundestag hat erst den Rettungsfonds EFSF beschlossen, dann seine Ausweitung und dann seine Überführung in einen dauerhaften, vergrößerten Schutzschirm namens ESM. Ferner hat der Bundestag in einer Sondersitzung ein Rettungspaket für spanische Banken beschlossen und Ende 2012 das zweite Griechenland-Paket zeitlich gestreckt und die Kosten für Athen massiv gesenkt – nicht ohne bereits von einem dritten Paket und einem weiteren Schuldenschnitt ganz offiziell zu reden.

Was folgt daraus? Deutschland dürfe von Europa nicht überfordert werden, sagt die Kanzlerin. Deutschlands Kraft sei nicht unerschöpflich. Die Haftungsrisiken gehen inzwischen weit in den dreistelligen Milliardenbereich, und nicht nur Kritiker sagen, dass der Steuerzahler in nicht allzu weiter Zukunft massiv Geld verlieren wird. Angela Merkel setzt darauf, dass es vor der Bundestagswahl nicht dazu kommt. Aber wenn es soweit ist, wird der eigentliche Unterschied zwischen den Herzens- oder Glaubenseuropäern und Angela Merkel darin bestehen, dass Erstere sich noch nie, Angela Merkel aber schon häufig mit *dieser* Möglichkeit beschäftigt haben: in einem konkreten Fall zwischen »mehr Europa« und dem Wohl Deutschlands wählen zu müssen, weil sie nicht mehr ein und dieselbe Sache sind. In diesem Sinne gehören für Angela Merkel Europa und der Euro zwar zum harten Überzeugungskern – nicht aber die jahrzehntelang in Deutschland geübte Praxis, auf eine Krise Europas polit-reflexartig mit »mehr Europa« zu antworten.

Drittens schließlich, das »Konservative«, irgendwie und an und für sich. Kein Vorwurf haftet so hartnäckig an Angela Merkel wie der, sich am konservativen Erbe der Union zu vergehen, das »Tafelsilber« der Partei en gros zu verramschen. Einwanderung, Integration, Staatsbürgerrecht, Kita-Ausbau, Scheidungsrecht, Banken-Verstaatlichung, Wehrpflicht, Hauptschule, schwarz-grüne Bündnisse, Atom-Ausstieg,

Homo-Ehe – die Liste ist lang. Scharfzüngige Wirtschaftsliberale finden sich unter den Vergrätzten ebenso wie knorrige Wert-Konservative. Ob nun als Mitglied oder nicht, sie alle nehmen für sich in Anspruch, die wahre CDU zu repräsentieren, »CDU pur«, wie Saarlands Ministerpräsident Peter Müller es einmal nannte.

Diese »CDU pur« habe Angela Merkel zunächst als Parteichefin und erst recht als Kanzlerin nur für den eigenen Machterhalt glatt geschmirgelt. Was dieselben Kritiker gesagt hätten, wenn Merkel auf der Strecke bis hierhin die Macht schon verloren hätte, sei dahingestellt. Es ist die Gegenfrage Merkels, die zeigt, wie sie es mit dem »Konservativen« hält. Sie lautet: »Was ist denn CDU pur?« In Zeiten der Krise, in Zeiten des rasanten weltweiten Wandels, in Zeiten umwälzender Veränderungen in der Gesellschaft und zwischen den Geschlechtern. »Etwa die Antworten von vor 30 Jahren auf die Fragen von heute?« Wer seine Gegner mit derart banalen Fragen lächerlich macht, will sie nicht ernst nehmen.

Und so ist es. Weil sie nicht liefern, weil die Konservativen und Kantigen bislang nicht im Entferntesten formulieren können, was sie konkret wollen, hat Merkel nur leisen Spott für sie und manchmal sogar Verachtung. Als CDU/CSU noch in zehn Bundesländern regierten, hätten sie dort nur viermal das Kultusministerium innegehabt. O-Ton eines Merkel-Intimus: »Wie soll man da konservative Gesellschaftspolitik machen?« Einer, der lange Jahre als einer der wichtigsten »Konservativen« galt, gibt Merkel indirekt sogar Recht. Er sagt: »Die intelligenten Konservativen hadern mit ihrer Lebenswirklichkeit und ihren alten Überzeugungen. Sie merken, dass das eine nicht mehr gut auf das andere passt. Alle Konservativen, die das nicht tun, sind reaktionär.« Und die braucht die CDU nicht, meint Angela Merkel.

Schon Edmund Stoiber platzte eines Abends während der Koalitionsverhandlungen 2005 damit heraus, wie schwer er es mit seiner Tochter habe, die gut ausgebildet nicht nur am Herd und an der Wickelkommode stehen wolle, weshalb seine eigene Frau so oft auf die (Enkel-)Kinder aufpassen müsse. Diesen jungen Frauen aus konservativen Elternhäusern müsse die Union etwas bieten, sonst liefen sie weg, klagte Stoiber. Angela Merkel nickte, erinnert sich ein Teilnehmer der Runde. Für diese Töchter hätte Merkel wahrscheinlich einige Antworten, nicht aber auf die Frage, was die CDU den Eltern dieser jungen Frauen anbieten könnte. Merkel habe mit dem konservativen Kern der CDU »nichts am Hut, den kennt sie gar nicht, weil sie da nicht sozialisiert ist«, sagt ein Kabinettsmitglied dazu. Bei »echten CDU-Konservativen weiß man sofort, wie die auf bestimmte Fragen reagieren, die ihnen wichtig sind. Bei Merkel nicht.«

Belustigt, manchmal belästigt verfolgt sie stattdessen die Versuche jüngerer CDUler, sich als die neuen Konservativen der Partei bekannt zu machen. Da war zunächst ein Trupp um den Immer-noch-Junge-Union-Chef Philipp Mißfelder. Merkel-Getreue erledigten ihn in dieser Zeit mit dem Hinweis, dass »der Philipp in zwei Jahren als Mitglied des CDU-Vorstands in der Runde noch kein Wort zu dem Thema gesagt hat«. Geraume Zeit später formierte sich ein »Berliner Kreis«, an der Spitze der Fraktionschef der hessischen CDU, Christean Wagner. Es reichte ein Treffen mit CDU-Generalsekretär Hermann Gröhe, und dem konservativen Aufbegehren, wenn es denn je eines war, kam der Schwung abhanden.

Als der Kreis Ende August 2012 eine Art Manifest vorstellen wollte, scheiterte das an Terminproblemen der Beteiligten. Seitdem ist nicht mehr viel Nennenswertes passiert. Au weia.

Was die Kritik, die CDU-Chefin habe keinerlei konservativen Kern, dennoch weiter am Leben hält, sind Merkels Zumutungen für diese Gruppe, persönliche Verletzungen inklusive. Zwei nur seien erwähnt, weil sie das Nicht-Verhältnis gut ausleuchten, das sie zu diesem Milieu hat: Es steht zur Disposition.

Im beginnenden Wahljahr 2009 kritisiert Merkel den Papst wegen der Haltung des Vatikans zur umstrittenen Pius-Bruderschaft und deren möglicher Rehabilitierung durch den Papst – trotz anti-jüdischer Äußerungen eines hohen Vertreters der Bruderschaft. Viele, die sich in der CDU konservativ nennen, teilen in der Sache, was sie sagt. Aber sie hätten es niemals öffentlich gesagt und schon gar nicht als Kanzlerin. Das, den Tabubruch, werfen sie Merkel vor, es wird wirklich Sturm der Entrüstung daraus. Die Parteichefin lässt verlauten: Sie wisse, dass ihre öffentliche Kritik am Papst manchen in der CDU/CSU verletzen würde. Aber sie habe das bewusst in Kauf genommen. Denn an ihrer Ablehnung jedweden antijüdischen Gehabes dürfe sie als deutsche Regierungschefin keinerlei Zweifel aufkommen lassen. Das passt zu einem anderen öffentlichen Satz Merkels, gemünzt auf Partei- und Regierungsamt: »Ich habe dem deutschen Volk einen Eid geschworen, nicht meiner Partei.«

Der zweite Fall ist der Erika Steinbachs, der langjährigen Vorsitzenden des Bundes der Vertriebenen. Ebenfalls Anfang 2009 droht das deutsch-polnische Zentrum für die Erinnerung an die Vertreibungen in Europa zu scheitern, weil die polnische Regierung Steinbach nicht im Stiftungs-Kuratorium akzeptieren will. Merkel entscheidet sich erneut, wieder gegen die Partei, wieder gegen das Konservative in der CDU, das Steinbach auf ihre Art repräsentiert. Wieder räumt Merkel ein, dass sie den Aufruhr in den eigenen Reihen sehenden Auges in Kauf genommen hat. Sie habe gewusst, dass »es eine krachende Landung in den eigenen Reihen geben würde«. Das Zentrum sei ihr wichtiger gewesen.

So kann man es machen mit *den* Konservativen, mit *dem* Konservativen. Aber wahrscheinlich macht es sich Angela Merkel zu leicht. Das Problem auf Einzelfall-Entscheidungen zu reduzieren oder auf die zwergenhafte Größe derer herunterzuspielen, die es ungelenk zur Sprache bringen zu wollen, ist auf Dauer hoch riskant. Denn zum einen steckt im vagen Sehnen nach dem Klaren, Kantigen, Konservativen der ziemlich reale Schmerz der alten CDU, bei Wahlen zumeist nicht einmal mehr in die Nähe von 40-Prozent-Ergebnissen zu kommen. Diese konservative Sehnsucht, die in Wahrheit also auch eine nach den Erfolgen von früher ist, kann Merkel nicht befriedigen. Sie hat für die CDU den Begriff der »Mitte« zum Mantra gemacht, Mitte ist gut, Mitte hat recht, die Mitte sind wir und so weiter und so fort. Sie hat die Partei bei manchen Themen bis ziemlich weit nach links geführt, zugleich in Richtung der Grünen geöffnet. Das macht die CDU 360 Grad anschluss- und koalitionsfähig – und könnte Angela Merkels zentraler Nachlass für die CDU werden.

Aber weniger Mitglieder hat die CDU trotzdem und deutlich weniger politische Mandate auch. Das zehrt.

Und es reicht als Ausgleich auf Dauer eben nicht, Helmut Kohl zu einem Polit-Jubiläum über Tage hinweg von der Partei feiern zu lassen und die Versöhnung des »Mädchens« mit dem vermeintlichen Übervater eigenhändig zu zelebrieren. Das tut der Parteiseele zwar wohl. Angela Merkel weiß es. Aber sie weiß auch: Ihre Halbdistanz zum konservativen Milieu der eigenen Partei und seinen Wärme-Wünschen bleibt – und kann sich jederzeit dramatisch rächen. So geschehen bei der holperigen Wahl des Bundespräsidenten Christian Wulff am späten Nachmittag des 30. Juni 2010. Zwei Wahlgänge in der Bundesversammlung sind bereits gescheitert – an den eigenen Leuten. Kandidat Wulff ist beschädigt, die Kanzlerin auch. Aber vor dem dritten, alles entscheidende Gang ist es nicht sie, die die Wahlmänner von CDU/CSU zusammenstaucht und bei der Ehre packt. Es ist Roland Koch, der bekennende Konservative. Er tut, was Merkel nicht kann, vielleicht nicht will. Er donnert in den Saal: »Jetzt geht es um alles. Die oder wir.« Anschließend bekommt Wulff die nicht mehr für möglich gehaltene absolute Mehrheit der Stimmen. Und es fragen nicht wenige: Wer würde in einer solchen Notlage heute den Part von Roland Koch übernehmen? Es ist kein Wunder, dass Angela Merkel und ihr (gewesener) ehrlicher Rivale bis heute regelmäßig telefonieren.

Mehr noch: Dass selbst CSU-Chef Horst Seehofer zum Beginn des Wahljahres verspricht, zu Merkel »so sanft wie ein Kätzchen« zu sein; dass auch sonst kein Konservativer ihre Macht in der Union bedrohen kann, heißt ja nicht, dass es nicht sehr wohl eine zeitgemäße Ausdrucksform für bürgerliche Gesinnung braucht. Nicht nur taktisch, um Wähler-Milieus zu binden, sondern als Haltung, die einer Volkspartei Vertrauen verschafft. Die pflichtschuldig vorgetragene Formel von den drei Wurzeln der Union, der christliche-sozialen, der konservativen und der liberalen, reicht bei weitem nicht aus. Das ist blutleeres Parteitags-Gemöhre. Dass es anders geht, dass man Konservative anders und vor allem allgemein verständlich erklären kann, hat Ende 2011 Thomas de Maizière beim CDU-Parteitag in Leipzig bewiesen, eine kleine, fünfminütige Fingerübung vorn am Rednerpult. Der Saal war gerade ziemlich leer, da stellte de Maizière ganz knapp die Frage: »Was ist konservativ?« Und gab die Antwort: »Konservatismus ist keine bestimmte Position, sondern eine Haltung.« Dazu zähle Bescheidenheit, Demut, das Sich-in-den-Dienst-Stellen. Weder Wehrpflicht noch Hauptschule, weder Atomkraft noch Euro seien (konservative) Werte der CDU. Es seien nur Instrumente im Dienste höherer Werte, konservativer Haltung eben: Dienst am Land, der Wille zu Erziehung und Leistung, die Bewahrung der Schöpfung.

Ein Jahr später, beim nächsten CDU-Parteitag in Hannover, zeigt sich, wie wenig erst Angela Merkel diesem Milieu anbieten muss, um es zu entzücken. Schon sichtbar auf Wahlkampf getrimmt, geht die Kanzlerin in ihrer Rede die Rot-Grünen für ihre Verhältnisse recht heftig an, schimpft von »Schande«, »Heuchelei« und, ziemlich hölzern, von einem »Mittelstands-Gefährdungsprogramm« wegen der vielfältigen Steuererhöhungs-Wünsche im linken Lager. Der Saal jubelt. Er jubelt über eine in Wahrheit mittelmäßige, fade Rede, die lediglich mit etwas mehr Attacke als üblich gewürzt war. Kleines Geld für eine Parteichefin, würde man meinen, doch die Wirkung ist enorm. Merkel bekommt acht Minuten Beifall, im Stehen und einige Stunden später mit 97,8 Prozent ihr bestes Wahlergebnis überhaupt. Und dann noch einen Klatschmarsch. Trotzdem: Das Konservative bleibt Angela Merkel wohl für immer fremd – und sie den verunsicherten Konservativen ebenso.

Zurück zur Eingangsfrage: Was ist unverhandelbar für Angela Merkel? Was sind ihr Kompass und ihr Kern?

Für die Kanzlerin unverhandelbar ist die deutsche Staatsräson. Dazu gehört vor allem die bedingungslose Unterstützung des Existenzrechtes des Staates Israel. Wie weit sie dabei konkret gehen würde, hat Merkel offen gelassen. Aber man darf annehmen, dass es militärische Hilfe gegen einen Angriff des Irans einschließt. Mit kaum einem Regierungschef kann sich Merkel so sehr am Telefon raufen wie mit Bibi Netanjahu, über kaum einen kann sie sich so sehr ärgern. Aber um Israel im Ernstfall mit zu schützen, würde Merkel ihre Kanzlerschaft jederzeit aufs Spiel setzen, davon bin ich überzeugt.

Unverhandelbar ist auch, hohe Inflation für eine Katastrophe und den Euro für alternativlos zu halten. Das eine ist und bleibt das Trauma der Deutschen, das andere das wichtigste politische Erbe überhaupt: Zu keinem von beiden wird sie sich je in grundsätzlichen, erklärten Widerspruch bringen lassen. Mit vielen anderen (markt-)wirtschaftlichen Prinzipien geht sie – gerade in der Krise – deutlich lockerer um. Und es ist bezeichnend, mit wie viel Bewunderung sie immer wieder einmal davon erzählt, wie Deng Xiaoping Chinas Weg zur Wirtschaftsmacht geebnet hat. Er habe China aus der Umklammerung der kommunistischen Ideologie befreit mit nichts als einem intellektuellen Trick: Demnach sei Marktwirtschaft kein Wert an sich, kein hermetisches Gesellschaftsbild oder Entwicklungsprogramm wie Kommunismus oder Sozialismus, sondern ein Instrument, das auch Kommunisten und Sozialisten sich zu eigen machen dürften. Wirtschaftsliberalen in der CDU dürften bei solchen Exkursen ihrer Parteichefin die Haare zu Berge stehen, aber Merkel ist spürbar beeindruckt von dieser Sicht auf die Marktwirtschaft.

Weniger politisch als psychologisch gehören zum Kern der Kanzlerin aber auch die Lehren aus ihrem Leben in der DDR, letztlich zwei Stichworte: Grenzen und Freiheit. Beide reimen sich auf Amerika, wohin sie mit 60 reisen wollte, sofort, wenn sich für die DDR-Rentnerin Angela Merkel die Möglichkeit dazu endlich ergeben hätte. Vom Wert der Freiheit kann Merkel mitreißend reden und schwärmen, aber tut es eigentlich nur, wenn sie – in Amerika ist. Als sie im November 2009 vor beiden Häusern des US-Kongresses spricht, handeln lange Teile der Rede vom überragenden Wert der Freiheit, ohne die alles nichts sei. Und auch die mitgereisten Deutschen nahmen ihr, der hinter einer Mauer Aufgewachsenen, den tiefen Glauben an die Freiheit und nichts als die Freiheit ab. Man nahm ihr ab, dass wer in der DDR leben musste und die Mauer hat fallen sehen, nichts mehr für menschenunmöglich hält, keine individuelle Grenze für unüberwindbar. »Ja, alles ist möglich«, sagte Merkel da. »Auch, dass eine Frau wie ich heute hier ist.« Liberale Kritiker werfen Angela Merkel zu Recht vor, dass man diese Freude an der Freiheit in ihrer praktischen Politik an keiner Stelle wiederfindet. Trotzdem gehört sie unlösbar zum Wesen der Kanzlerin. »Das ist es, was mich an Angela Merkel so tief beeindruckt«, hat US-Präsident George W. Bush einmal über sie gesagt, der vielleicht nicht viel von Akten, aber eine Menge von Menschen verstand. Und vielleicht muss man tatsächlich Amerikaner sein, um das zu erkennen.

Lange Rede, kurzer Sinn: Etliche der genannten Punkte können nicht innerer Wertekern der Kanzlerin sein, weil sie in Wahrheit unter wechselnden Vorbehalten stehen. Andere Punkte sind zwar kristallklar, im Einzelnen jedoch zu klein oder zu abstrakt, als dass sie zum politischen Kern und Überzeugungs-Kompass taugten.

Es bleibt also eine Lücke.

Was aber füllt diese Lücke? Gar nichts, also ein Vakuum? Das werfen ihr Opposition und in der Wolle gefärbte Konservative und Wirtschaftsliberale aus den eigenen Reihen vor. Oder ist es eine kommunistisch geschulte Verschlagenheit und Verstellungskunst? Das raunen verzweifelte Verschwörungs-Theoretiker, die immer noch auf der Suche nach Angela Merkels Führungsoffizier beim KGB sind.

Ich meine: Angela Merkels innerer Überzeugungskern, ihr Korsett und ihr Kompass, das sind – Fragen. Das klingt paradox, für einen Spitzenpolitiker zumal. Denn in der Demokratie sind ja eigentlich die Bürger zuständig für die Fragen und die Politiker für die Antworten. Doch Angela Merkel, ganz wertfrei, ist keine »eigentliche« Politikerin. Sie nimmt sich gegenüber der eigenen Partei, deren Milieu und Wählern diese Freiheit: Bei ihr bleiben die Fragen, und die Antworten ändern sich. Bei der Mehrzahl der Politiker ist es anders herum.

Welche Fragen sind das? Ihre wichtigste, die für das politische Alltagsgeschäft, lautet: Kann ich, was ich ankündige, am Ende auch liefern?

Dahinter steht die feste Überzeugung, dass Regierungspolitiker sich mit konkreten Ideen, Plänen und Positionen im Rahmen des Machbaren zu bewegen haben, weil es die Bürger so wollten. Die Oppositionsparteien dürfen sich demnach anders verhalten und Forderungen aufstellen, was das Zeug hält. Nicht aber Regierungsparteien. Wer weiß, dass er für einen bestimmten Plan keine Mehrheiten bekommt, weder in den Parlamenten noch auf absehbare Zeit bei der Bevölkerung, der soll die Finger von diesem Plan lassen, wenn er an der Regierung ist. »Es zählt, was hinten rauskommt«, hat Helmut Kohl einmal gesagt. Und in diesem Punkt ist Angela Merkel ganz bei ihm. Brutalen Spott hat sie selbst für internationale Polit-Größen, wenn sie an diesem Maßstab scheitern.

Ein Beispiel: Über den umweltbewegten, Nobelpreis-geehrten Ex-US-Vizepräsidenten Al Gore sagte sie einmal: »Al Gore hat einen Nobelpreis dafür bekommen, dass er keinen einzigen US-Senator von der Ratifizierung des Kyoto-Protokolls überzeugt hat ...« Tatsächlich hängt Merkel an diesem Umwelt-/Klima-Protokoll und erzählt immer wieder Anekdoten von den Verhandlungen darüber, denn als Umweltministerin hat sie hier ihre ersten internationalen Meriten erworben und Narben davongetragen. Der damaligen US-Regierung Clinton/Gore hat sie auch deshalb nicht vergessen, dass sie das Abkommen zwar unterzeichnete, aber an der Ratifizierung scheiterte – im Senat gar ohne eine einzige Ja-Stimme. Merkel verachtet derartige Schwäche.

Das hindert empörte Kritiker nicht, der Kanzlerin »Relativismus« oder die Attitüde eines Gemischtwarenladens vorzuwerfen, wo der Kunde über den Marktwert des Angebots entscheidet und Angebote aussortiert werden, wenn sie keiner haben will. Das ist oftmals hübsch bissig formuliert, aber es bleibt die Frage, was aus einem Gemischtwarenladen wird, dem die Kundengunst gleichgültig ist – und der heute unverdrossen Handys aus den 90ern und weiße Polyesterhemden aus den 70ern anbieten würde.

In einem deutlichen Gegensatz zu dem kleinen Karo fürs Tägliche steht der weite Horizont, den jene Fragen zeichnen, die Angela Merkels strategischen Kompass bilden. »Wir sind ein Land von 80 Millionen, davon gibt es viele. Was bedeutet das für Deutschland?«, lautet eine. »Was, wenn die Nicht-Demokratie China seinen Bürgern mehr Wohlstand bieten kann als eine Demokratie?«, lautet eine andere. Gerade in der Euro-Krise wurden ihr solche Fragen mit Wucht gestellt, Systemfragen. Die Europäer seien das größte Problem der Welt, erklärt ihr regelmäßig etwa die chinesische Führung in Peking, sechs Mal in ihrer Amtszeit war sie dort. Begründung: Das europäische Polit-System, die parlamentarische Demokratie, produziere nachweislich falsche Entscheidungen, zum Beispiel mehr Geld auszugeben, als man einnehme. Was zu der Frage führt: »Sind Demokratien überhaupt im Stande, den Wohlstand der Mehrheit der Wähler zu reduzieren, weil er zu lang auf Pump finanziert war?« Oder kann in einer Demokratie nur der Schlag von Politiker überleben, der den Wählern Geschenke macht, notfalls eben auf Pump. Und eine letzte dieser Kompass-Fragen im Merkel-Kosmos: »Was, wenn die Finanzmärkte schneller und stärker sind als frei gewählte Parlamente? Wer hat am Ende das Sagen?« Muss man sich im 21. Jahrhundert Demokratie *finanziell leisten* können – und was hieße das für den universellen Werte-Anspruch dieser Staatsform, die sich ja aus Freiheit und Würde des Einzelnen ableitet?

Man kann seit Ausbruch der kombinierten Banken-, Finanz- und Schuldenkrise mit der Kanzlerin keine 45 Minuten über aktuelle Politik reden, ohne dass sie darauf zu sprechen kommt. Der Kern der Finanz-Schmelze, aus der sich alles Ungemach katastrophenschnell entwickelte, sei die »destruktive Wucht der Märkte gegen das gesellschaftliche Wohl«, hat Angela Merkel zur Mitte ihrer zweiten Amtszeit einmal gesagt. »Die Märkte verfolgen kein gesellschaftliches Leitbild.« So klingt es, wenn sie pessimistisch ist. Wenn sie besser gelaunt ist, heißt derselbe Satz so: »Nur um einer schnellen Entscheidung willen, werden wir die Prinzipien der Demokratie nicht aufgeben. Manchmal dauert es dann einen Tag länger, aber dafür nehmen wir die Menschen mit.«

In der Außenpolitik des 20. Jahrhunderts nannte man dieses Kaliber von Fragen und Themen »grand design«. Damals ging es um Geostrategie, um Rohstoffe, Handelswege oder den direkten Zugang zum Meer. Heute ist es das globale Spiel um die Macht, zu sein, wie man will. Es ist das globale Spiel der Europäer um ihren *European way of life*; der Kampf um Selbstbestimmung und die Möglichkeit zu bewahren, was man bewahren will. Oder in Zahlen: Was wird aus den Europäern, die ihr Sozialstaatsmodell gern behalten wollen, weil es Teil ihrer Identität ist? Die aber zur Kenntnis nehmen müssen, dass sie noch für sieben Prozent der Weltbevölkerung stehen, für ca. 25 Prozent der Welt-Wirtschaftsleistung – aber für sage und schreibe 50 Prozent aller Sozialleistungen rund um den Globus. Solche Fragen sind Angela Merkels Kompass, und etwas klassisch Bürgerlich-Konservatives steckt darin. Eine abschließende Antwort hat sie nicht zu bieten, nur die nimmermüde, neugierige Suche danach. Auf diesem Weg sind die Veränderungs-Etappen durchaus konkret, während das Ziel unerreicht im Nebel liegt.

So könnte es sein, dass Angela Merkel eine Menge für Deutschland und seine Zukunft in einer turbulenten Welt leistet – und doch einer zentralen Bringschuld von moderner Politik nicht nachkommt: Sich für zuständig zu halten, wenn es um jene Antworten für die Zukunft geht, die Politiker eigentlich noch gar nicht richtig geben können. Die trotzdem mutig zu skizzieren, man als Politiker oder Partei in Deutschland aber gewählt wird. An dieser Stelle das Publikum immer wieder neu zu enttäuschen – damit lebt sie. Wie gesagt, Angela Merkel ist keine Politikerin im eigentlichen Sinne.

Die muss sich doch dauernd beidrehen, oder?

Samstag, 12. März 2011, gegen Mittag Berliner Zeit. Im Kernkraftwerk in Fukushima, Japan, ist ein erster Reaktorblock in die Luft geflogen, die Rauchsäule kilometerweit zu sehen. Angela Merkel ruft ihre Vertraute an, Büroleiterin Beate Baumann. Die Kanzlerin sagt zwei Worte: »Das war's.«

Im Weiteren schlägt Angela Merkel ein selten gesehenes Tempo an. Binnen Tagen ergeht ein sogenanntes »Moratorium« für acht ältere Kernkraftwerke. Schnell wird eine Art Rat der Weisen einberufen, um Moral, Risiko und Zukunft der Atomkraft gesellschaftlich zu diskutieren. Offiziell will Merkel damit Zeit gewinnen für sorgfältig durchdachte Konsequenzen aus dem Jahrhundert-Unfall auf der anderen Seite des Globus. Doch das ist nicht wahr, und der *BILD*-Kommentar eine Woche nach dem GAU sagt voraus: »Machen wir uns nichts vor. Fast die Hälfte der deutschen Atomkraftwerke ist nicht ›vorläufig‹ vom Netz, sondern für immer.« Dabei hatte die schwarz-gelbe Bundesregierung gerade erst die Laufzeiten der deutschen Atomkraftwerke deutlich verlängert, auch die der älteren.

In fast acht Jahren Kanzlerschaft ist es die krasseste Kehrtwende Angela Merkels in einer konkreten politischen Frage, kein Zweifel. Aber ist es auch eine unter ganz vielen solcher Polit-Volten, wie ihre Kritiker nicht müde werden zu sagen? Macht Angela Merkel in Wahrheit Regierungspolitik nach (tagesaktuellen) Umfragewerten: Wenn die sich drehen, dreht sie einfach mit, rückgrat- und überzeugungslos?

Um eine Antwort zu finden, muss man ein bisschen sortieren, denn es gibt sehr unterschiedliche Arten von »Kehrtwenden«. Zum einen jene, die urplötzlich mit allem brechen, was bislang galt. Zweitens die, bei denen auch eine Kanzlerin (gerade im EU-Kreis) von anderen Mehrheiten überrollt oder zum Rückzug gezwungen wird, sich also nicht durchsetzen kann – und das schlucken muss. Und schließlich alle Fälle, in denen Kanzlerin oder Partei eine Art »Frontbegradigung« vornehmen, man könnte auch sagen: dazulernen. Weil die Realität objektiv nicht mehr zum eigenen Kurs passt.

Zu dieser dritten Kategorie zählen ganz offenkundig die meisten innen- und gesellschaftspolitischen Positionsveränderungen unter Angela Merkel, etwa bei Wehrpflicht-Aussetzung, Familien-Bild, Ausländer-Politik, Schul-System. Wie an anderer Stelle in diesem Buch schon dargestellt: An der Hauptschule weiter zu hängen, obwohl es vielerorts nicht mehr genug Schüler dafür gibt, das wäre nicht prinzipientreu, sondern realitätsblind. Solche Vorwürfe muss ein selbstbewusster Politiker nicht fürchten.

In der mittleren Kategorie von zumeist erzwungenen Positionswechseln sticht die Griechenland- und Eurokrise hervor. Fakt ist: Sowohl im Mikro- wie im Makro-Management der Krise hat Angela Merkel nicht wenige Positionen im Laufe der Zeit geräumt, das Ganze erinnert an ein zähes Rückzugsgefecht. Im Großen wollte sie anfangs *keine* europäische »Wirtschaftsregierung«. Inzwischen treibt Merkel genau diese engere Koordination der Wirtschafts- und Finanzpolitik unter den Euro-Staaten energisch voran. Sie wollte auch *keine* große EU-Vertragsänderung, jetzt soll sie alsbald kommen. Im Kleineren lehnte Merkel dauerhaft installierte Rettungsschirme zunächst ab, dann kam es mit dem ESM anstelle des EFSF doch so. Sie war im Grunde *für* automatische Sanktionen gegen Defizit-Sünder in der Euro-Zone, *für* hohe Zinsen auf Rettungskredite, *gegen* einen Schuldenschnitt für Griechenland, *gegen* eine Streckung der Reform- und Sparprogramme, *gegen* eine EU-weite Bankenaufsicht und *gegen* massive Aufkäufe von Staatsanleihen durch die Europäische Zentralbank.

Inzwischen ist jeweils das Gegenteil eingetreten. Besser: Merkel hat das Gegenteil eintreten lassen, denn aktiv betrieben hat sie die wenigsten der genannten Punkte. Als zum Beispiel EZB-Chef Mario Draghi im Herbst 2012 erklärt, er werde notfalls unbegrenzt Staatsanleihen von wankenden Euro-Staaten aufkaufen, hat sie »doch nur aktiv weggeguckt«, wie ein Bank-Chef später spottete. Auch die Opposition feixt mit einem gewissen Recht über das »Merkel'sche Gesetz«: Immer wenn die Kanzlerin etwas definitiv ausschließe, könne man sicher sein, dass es am Ende genau so einträte. Das zielt freilich weniger auf einen Mangel an Prinzipientreue als auf einen an Durchsetzungsfähigkeit, also nicht aufs Charakterliche, sondern aufs Politisch-Praktische.

Aber, Vorsicht. Zur ganzen Wahrheit gehört auch: Nur ganz, ganz wenige ihrer ursprünglichen Positionen lassen sich in eindeutigen Zitaten belegen, und Hauptstadt-Journalisten aller Blätter haben schon viele Stunden vergeblich im Textarchiv zugebracht, um solche zu finden. Viel wichtiger: In dieser Euro-Krise völlig neuen Ausmaßes und Zuschnitts musste noch jeder Politiker in jedem EU-Land diverse seiner Positionen räumen, nicht zuletzt der SPD-Kanzlerkandidat und Ex-Finanzminister Peer Steinbrück. Manchmal war der Druck der anderen Mitgliedsstaaten zu groß, manchmal der der Märkte oder der vorausgegangener Fehlschläge. Ganz allein Angela Merkel deshalb Beliebigkeit vorzuwerfen, ist also unfair. Und ein letzter roter Faden lässt sich bei allem Hin und Her doch erkennen, ein von Anfang auch öffentlich formuliertes Grundmuster. Die Kanzlerin hat für jede Leistung, die sie zugestand, eine Gegenleistung gefordert und fast immer auch erhalten. Für jeden Zug der Hilfe gab es einen Gegenzug in Form von Sparen, Reformen oder Kompromissen im Kreis der Euro-Staaten. Der Soziologe Ulrich Beck hat für diese Methode den Begriff »Merkiavelli« erfunden, geschöpft aus Merkel und Machiavelli. Ihr »machtpokerndes Jein«, ihr Zögern reibe den kreditsuchenden Ländern immer wieder ihre eigene Abhängigkeit von der Wirtschaftsmacht Deutschland unter die Nase. Tatsächlich ist Angela Merkel wohl kaum zu einer der unbeliebtesten und am meisten gefürchteten Politiker in Europa geworden, weil sie immer alles mit sich und mit Deutschland hat machen lassen.

Ob das Ganze am Ende auch funktioniert, besonders in Griechenland, das steht in den Sternen, wohl wahr. Denn die Kanzlerin hat zwei rote Linien gezogen, die sie tatsächlich bis heute nicht aufgegeben hat – die in Zukunft einander aber ausschließen könnten. Erstens: Der Euro soll an ihr, an Deutschland nicht scheitern. Zweitens: Eurobonds, also die vollständige Vergemeinschaftung der Staatsschulden in der Euro-Zone, werde es mit ihr nicht geben – »solange ich lebe«, sagt die Kanzlerin. An beidem wird sie gemessen werden. Besonders an jenem Tag in der Zukunft, an dem beide Positionen einander womöglich endgültig ausschließen, also nur noch eine der beiden zu halten ist: das Ja zum Euro oder das Nein zu Eurobonds. Und sie weiß das.

So beschreibt pikanterweise einer der wenigen Wirtschafts-Topmanager, die Merkel noch achtet, ihren Pfad durch die Euro-Krise am besten, am anschaulichsten. Nämlich nicht als Irrfahrt ohne Kompass, sondern als den Weg zu einem Ziel, das freilich nicht ein präziser Punkt ist, sondern eine (Ziel-) Linie, die zwischen zwei recht weit auseinanderliegenden Punkten verläuft. Wo genau auf dieser Ziel-Linie Angela Merkel am Ende jeweils ankommen wird, sagt sie aus Vorsicht nicht – bis kurz vor Schluss. Stattdessen zerlegt sie große Probleme und Zusammenhänge in klitzekleine Einzel-Fragen, moderiert sie auf eine technisch-kühle Temperatur herunter und fällt die einzelnen Entscheidungen in möglichst großem Zeitabstand voneinander. Ob diese Bewegung in Richtung Ziel jeweils eine schnurgerade Strecke von A nach B ergibt oder nicht, das ist für Angela Merkel nicht kriegsentscheidend. Für sie zählt, die beschriebene Ziel-Linie zu erreichen, nicht einen bestimmten Ziel-Punkt. Mehr als 70 Prozent der Deutschen scheint diese Art des Vorgehens nicht zu stören. Im Gegenteil, sie bescheinigen der Kanzlerin in Umfragen gute bis sehr gute Arbeit, gerade in der Euro-Krise. Auch das sollte manchem Kritiker zu denken geben; es ist nämlich nicht wahrscheinlich, dass 70 Prozent aller Deutschen schlichtweg blöd sind.

Bleibt die erste Kategorie der Kehrtwenden, die ohne nachweisbare Not. Dazu zählen unter anderem die Rücknahme der Atom-Laufzeitverlängerung und die Enthaltung bei der UN-Abstimmung über eine Militär-Intervention in Libyen. Angela Merkel kann beide Volten nach wie vor nicht erklären, nicht aus ihren bisherigen politischen Überzeugungen, aber auch nicht aus nachhaltig veränderten Realitäten. Das ist verstörend.

Im UN-Sicherheitsrat brach die Bundesregierung mit der jahrzehntealten Regel, sich niemals anders zu positionieren als die USA und/oder Frankreich. Stattdessen fand sich der deutsche UN-Botschafter Peter Wittig im Frühjahr 2011 zu seinem eigenen, ohnmächtigen Zorn an der Seite Chinas und Russlands wieder, die sich auch enthielten. Warum und wozu? Keine Antwort, zumindest keine, die überzeugt. Alles, was Kanzleramt und Außenministerium zu bieten haben, sind kleinlaute Verweise auf Pannen bei der Abstimmung mit den Amerikanern. Das glaubt niemand.

Ähnlich die Atom-Volte. Wer wie Angela Merkel sein ganzes politisches Tun demonstrativ auf das ruhige Abwägen vieler verschiedener Faktoren abstellt, der lässt Freund und Feind ratlos zurück, wenn er diese Methode plötzlich über Bord wirft. Die Kanzlerin hatte über zwei Jahrzehnte eine durchdachte Position zum allseits bekannten »Restrisiko« von Atomkraftwerken: Sie hielt es für akzeptabel, zumindest zu den technischen, geografischen und geologischen Bedingungen in Deutschland. Der Unfall am 12. März 2011 in Japan geschah naturgemäß zu ganz anderen Bedingungen als den hiesigen. Trotzdem drehte Merkel ohne Zögern um 180 Grad. Die Zauder-Künstlerin war in dieser Phase nicht mehr. »Das war's«.

Aber was war's? Das real existierende Restrisiko der Atomkraftwerke in Deutschland war, wissenschaftlich gesehen, nicht größer und nicht kleiner geworden. Erdbeben und Tsunami gab es in Deutschland weiterhin nicht zu fürchten. Exponentiell gewachsen war dagegen die Ablehnung der Kernkraft in der deutschen Bevölkerung; in Umfragen bekam der Aufschwung der Anti-Atom-Grünen einen neuerlichen großen Schub. Der baden-württembergische CDU-Ministerpräsident Stefan Mappus drängte die Kanzlerin nach dem Unfall in mehreren Telefonaten täglich, ein politisches Zeichen zu setzen: In seinem Bundesland mit mehreren Atomkraftwerken standen Landtagswahlen unmittelbar bevor. Der bayrische Umweltminister Markus Söder, bis dato flammender Anhänger der Atomkraft, verfügte ohne Vorwarnung eine Überprüfung der älteren Anlagen auf bayrischem Gebiet, auch das eine Wendemarke. Entscheidend aber: Angela Merkel hatte kurze Zeit zuvor die Verlängerung der Atom-Laufzeiten gegen eine breite gesellschaftliche (Umfrage-)Mehrheit beschließen lassen und für Schwarz-Gelb eine dauerhaft offene Flanke in Wahlkämpfen in Kauf genommen. Vor der Endlos-Schleife der Bilder aus Fukushima gab Merkel die Sache nun endgültig verloren: »Das war's.«

Öffentlich aber erklärt sie bis heute nur, dass Fukushima ihr in einer Art Erweckungserlebnis die Augen für das besagte Restrisiko geöffnet hätte. Der Rückgriff auf dieses weitgehend emotionale Motiv macht die Wende noch krasser. Anderen Politikern würde man das vielleicht abnehmen – ihr nicht. Es ist ein Rätsel.

Um dieses Rätsel vielleicht doch noch zu verstehen, muss man weiter zurücktreten, muss man die Zeit vor ihrer Kanzlerschaft einbeziehen. Angela Merkels wirklich entscheidende, strategische Kehrtwende ist nämlich die weg von der Reform-

Euphorie der Oppositions-Jahre 2003 bis 2005 hin zur auf Konsens und Ausgleich bedachten Zeit danach, im Kanzleramt. Vom klirrenden »Durchregieren« zum kuscheligen »Durchlavieren«, vom Polarisieren zum Moderieren – das ist die Wende der Angela Merkel, aus der sich alles andere wie von selbst ergibt.

Für sie selbst freilich ist es gar keine Wandlung ihrer Person oder ihres Charakters. Für Angela Merkel ist es rückblickend schlicht eine Konsequenz aus ihrem Bild von Politik und dem dazugehörenden Rollenverständnis. »Form follows function« könnte man sagen, die Form folgt (aus) der Funktion. Das eine, Kantige, gehöre zum Opponieren, findet Angela Merkel. Das andere, Kooperative, zum Regieren. In der einen Sphäre dürfe man alles Mögliche fordern und arbeite weitgehend auf Rechnung der eigenen Partei. In der anderen Sphäre müsse man den Wählern auch liefern, was man ankündige, und schulde daneben dem gesamten Gemeinwesen Rechenschaft. Beides seien getrennte Welten, in denen unterschiedliche Regeln gälten, in denen unterschiedliche Talente und Temperamente gefragt seien. Man sieht Angela Merkel förmlich mit den Schultern zucken, wie sie diesen Gedanken entwickelt. Es ist ihre wichtigste Leitschnur: form follows function. Du bist, was das Amt von dir verlangt. Das *jeweilige* Amt. Und so, wie Angela Merkel das Wesen von Politik versteht, ist es bezeichnend, dass dieser, ihr Leitsatz aus der Architektur- und Designgeschichte stammt, also eher aus einer Naturwissenschaft als aus einer Geistes- oder Gesellschaftswissenschaft.

Merkels Anhänger aus der Reform-Phase nehmen ihr keine andere Wende so übel wie diese: Sie empfinden es als

Verrat, beim Übertritt von Opposition zu Regierung die eigene Festplatte gleichsam neu zu formatieren. Sie empfinden es als Treuebruch gegen alle Pläne und Programme, die man gemeinsam geschmiedet hat, um die deutsche Volkswirtschaft wieder auf Vordermann zu bringen. Dass die deutsche Wirtschaft trotzdem längst ziemlich gut dasteht, besänftigt ihre Wut nicht. Im Gegenteil.

Und so wären es zwei spannende Experimente zu sehen, wie zum einen Angela Merkel 2005 regiert hätte, wenn es für eine schwarz-gelbe Mehrheit gereicht hätte. So radikal wie auf dem Leipziger CDU-Reformparteitag 2003 entworfen? Oder doch eher kooperativ angelegt, in einer Art unerklärter großer Koalition mit den SPD-geführten Bundesländern? Ich bin sicher, sie hätte Letzteres versucht. Und ebenso spannend wäre zu sehen, wie Angela Merkel sich 2014 noch einmal in der Opposition machen würde. Würde sie wieder, wie 2003 oder 2005, große Reformen fordern, die sie als Kanzlerin nicht angehen wollte (oder objektiv nicht konnte)? Oder bliebe sie nach ihrer Kanzlerschaft als Oppositionspolitikerin im Modus der Regierenden – so wie der ehemalige SPD-Vizekanzler Frank Walter Steinmeier, der nach seiner Amtszeit als Außenminister in Wahrheit nie wieder in die Rolle eines Oppositionsführers zurückgefunden hat?

Unter dem Strich bleibt: So wie Angela Merkel ihre Wenden und Wandlungen vollzieht, haben sie nichts Ideologisches an sich. Das attestieren ihr politische Freunde und Gegner gleichermaßen. Kleinere oder große Volten: Mal kommen sie über Nacht, mal sind sie erzwungen, mal wohl durchdacht wie eine notwendige Frontbegradigung. Das hat mitunter etwas ärgerlich Beliebiges, keine Frage. Aber mein Eindruck ist:

»Politische Beliebigkeit« ist in Wahrheit gar nichts, was Angela Merkel im Kern als Vorwurf wahrnehmen würde. Denn die Lösung für alle Probleme zu allen Zeiten aus einem unveränderbaren Satz von Überzeugungen und Weisheiten ableiten zu wollen – das ist für sie exakt das Rezept, nach dem sich die DDR selbst vergiftet hat. Außenpolitisch heißt das: Mal braucht es für die Lösung die Amerikaner mehr als die Chinesen. Mal geht es ohne die Franzosen, nicht aber ohne die Schwellenländer. Innenpolitisch heißt das: Angela Merkel wäre die erste Kanzlerin, die mit wechselnden Mehrheiten im Bundestag gut zu leben weiß. Aber an diesem Tabu zu kratzen – so weit reicht ihr Mut ganz bestimmt nicht. Nicht in der Zeit, die ihr als Kanzlerin noch bleibt.

Kratzt sie überhaupt noch, was die Journalisten über sie schreiben?

»Sie gehen genau dann, wenn ich es sage.« Der Satz der Bundeskanzlerin kam ganz ohne Ausrufezeichen aus, war aber scharf, schneidend, schnippisch. Ich hab' hier das Sagen, ich bin hier Chef. Punkt.

Der Beginn eines Interviews für *BILD* hatte sich verzögert, das Band lief noch nicht, und irgendwie entstand ein kleines Geplänkel, ob die verlorene Viertelstunde nicht hinten drangehängt werden könnte, weil ja, so argumentierten wir, eine volle Stunde zugesagt worden war. Die Kanzlerin sagte einmal Nein und bat um Entschuldigung. Wir hakten nach, drängelten wohl ein wenig, ein Wort gab das andere. Dann kam, aus ziemlich heiterem Himmel dieser Satz, und unwillkürlich schaute man zum Fenster, ob da von innen jetzt die Eisblumen wachsen ... Die Kanzlerin hatte die Faxen dicke. Am Ende des Interviews, das gar nicht mal so schlecht ging, erklärte sie, dann wieder versöhnlich: US-Präsident George Bush würde gleich anrufen, und deshalb könne sie partout keine Minute zugeben. Schön, das kann man ja leicht einsehen, selbst als doofer Journalist. Wenn man es denn gesagt kriegt.

Keine Frage, Angela Merkel kann mit Journalisten ganz schön schnippisch sein. Deshalb muss niemand mit uns

Schreiberlingen Mitleid haben, wir kriegen ja Gehalt dafür. Aber der Rede wert ist es schon, denn spätestens in den acht Jahren Kanzlerschaft hat sich Angela Merkel einen Panzer zugelegt, eine Art Selbstschutz-Logik. Die geht so: An- und wieder abschwellende Kritik, prasselndes oder verweigertes Lob sind so zyklisch und unveränderbar wie die langjährige mittlere Temperaturkurve durch die Jahreszeiten. Und: Der deutschen Presse kann man es in der Regel eh' nicht recht machen, egal wie man es macht. Mit solcherlei Ansichten steht Angela Merkel bei weitem nicht allein; die allermeisten deutschen Spitzenpolitiker denken so – und der noch dazu so dünnhäutige SPD-Kanzlerkandidat Peer Steinbrück ganz besonders. Der prägende Nachteil einer solchen Panzerung ist freilich, dass auch objektiv berechtigte Kritik nicht mehr durchschlägt. Und das macht nicht eben klüger.

Weil es ihrem Naturell entspricht, versieht die Kanzlerin ihre Kritik an den Medien fast immer mit dem spürbar pflichtschuldig formulierten Vorschub-Satz »Ich mache den Medien ja keinen Vorwurf« – und dann macht sie genau das, nämlich den Medien einen Vorwurf: Dass diese sich so lange die Maßstäbe ihrer Kritik zurechtbögen, bis es für einen Politiker keinerlei Weg mehr gäbe, sich *keine* Kritik einzufangen. Beispiel: Wenn Minister ihres Kabinetts oder Spitzenkräfte ihrer CDU in die Kritik gerieten, blieben ihr nach einer ersten Phase der Nicht-Beachtung »denklogisch« (Merkel) drei Möglichkeiten. Dem Kritisierten öffentlich das Vertrauen aussprechen bzw. hilfsweise vom Sprecher aussprechen lassen. Oder schweigen. Oder den Betroffenen kritisieren. Letzteres einmal beiseitegelassen, würde ihr im Fall a) vorgeworfen, zu sehr an der Person zu hängen, das Problem auszusitzen, typisch à la Merkel viel zu lange zuzusehen, anstatt das Problem gleich und mutig anzugehen – so geschehen zuletzt in der Doktortitel-Affäre um die schließlich zurückgetretene Bildungsministerin Anette Schavan, eine ihrer engsten Vertrauten und ganz wenigen echten politischen Duz-Freunde. Im Fall b) wiederum (Schweigen) würde ihr unweigerlich vorgeworfen werden, dass sie, typisch Merkel, mit der eigenen Partei unsolidarisch ist; aus Furcht, sich selber zu beschädigen, verdiente Weggefährten hängen lässt; und überhaupt wieder einmal viel zu lange zuwartet ... So ebenfalls geschehen im Wahlkampf des hessischen CDU-Ministerpräsidenten Roland Koch, der 2007/2008 sich anhand eines brutalen Schläger-Überfalls in der Münchner U-Bahn als law&order-Mann profilieren wollte und damit Schiffbruch erlitt.

Wenn sie sich so in die Ecke gedrängt sieht, unfair behandelt fühlt, kann Angela Merkel außerordentlich schmallippig werden. Als Retourkutsche reibt sie den Journalisten dann die eigenen kleinen und großen Ungereimtheiten, Widersprüche oder Bigotterien unter die Nase. Sie geht zum Angriff über. Als die schwarz-gelbe Bundesregierung nach der Reaktorkatastrophe von Fukushima im März 2011 die nur Monate zuvor beschlossene Verlängerung der Atomkraftwerks-Laufzeiten wieder zurücknahm und die »Energiewende« einleitete, da häuften sich bald die kritischen Fragen, ob bei all' den ehrgeizigen Fristen und Zielen die Regierung die Sache noch im Griff habe: vom plötzlich unkontrollierten Zuwachs der erneuerbaren Energien über den Netzausbau bis zu den drakonischen Energiespar-Auflagen für Hausbesitzer und natürlich den happigen Preissteigerungen. Merkel konterte verärgert: »Bei Rot-Grün hat niemand gefragt, wie das gehen soll mit dem Ausstieg. Dabei war die Jahreszahl 2022 ganz ähnlich. Bei Schwarz-Gelb werden alle Fragen gestellt.« Oder beim Kampf um den Bundestagsbeschluss zum Euro-Rettungsschirm EFSF, der »dollsten Nummer, die ich in meinem politischen Leben erlebt habe«, wie sie selber sagt. Fünfzig Tage habe es geheißen: Kriegt sie die eigene Mehrheit oder nicht? »Dann hatte ich sie am Ende, und tags darauf war der EFSF nichts mehr wert, weil er angeblich zu klein war.« Wie gemein, möchte sie wohl noch nachschieben, aber diesen Fehler macht Angela Merkel nicht. Sie will kein Mitleid, weil öffentliches Mitleid eine große Stufe auf der Treppe nach politisch ganz unten ist. Aber manchmal will sie sich Luft machen – und dabei doch immer so aussehen, als stünde sie weit, weit über den Dingen.

Zur Wahrheit gehört: Ganz und gar daneben liegt Angela Merkel nicht mit dieser Beschreibung einer sich immer wieder neu aufbauenden Zwickmühle öffentlicher – oder veröffentlichter – Erwartung. Und wenn sie ihren jeweils aktuellen Fall durcherzählt hat, zuckt sie mit den Schultern und fragt: »Sehen Se?« Und zwar in einem Ton, der zu verstehen gibt: ›Ich hab' euch durchschaut. Längst durchschaut. Aber ich hab' eigentlich aufgehört, mich zu ärgern.‹

Tatsächlich erheben Publikum und Medien häufig Vorwürfe gegen die Politik, denen ein Politiker nur entgehen könnte, wenn er aufhört, Politik zu machen. Wer notwendige Merkmale des Politbetriebes grundsätzlich in Frage stellt, den kann die Politik nur zufriedenstellen, wenn sie den Betrieb, wie wir ihn kennen, ganz einstellt. Ein paar Beispiele, über die sich auch die Kanzlerin königlich aufregen kann: Diskrete Absprachen sind nicht nur für sie ein notwendiges Element von Politik, aber sie werden verschrien als »Hinterzimmer-Kungelei«. Anhaltendes Verhandeln zwischen naturgemäß unterschiedlichen Interessen gehört auch zur Politik, allzu oft verbuchen es die Medien (auch die *BILD*) negativ als »Parteien-Gezänk«. Durchsetzungskraft und Führung sind zwar als politische Eigenschaften gewünscht, in der Praxis aber sehr schnell als »Machtgier« in Verruf. Und dass Politiker allesamt eitel sind, halten viele im Publikum allein deshalb schon für bewiesen, weil Politiker ja unablässig in der Öffentlichkeit stehen.

Derart kurz gedachte »Parteien-Kritik« bringt die Kanzlerin in Rage. Selbsterklärte »Parteien-Kritiker«, die gern als Publikumsjoker den gängigen Talkshows beigemengt werden, hat sie regelrecht gefressen – was die wiederum natürlich bestärkt, weil sie sich umso mehr als aufrechte Helden fühlen dürfen. Und weil diese Art von Kritik sie so ärgert, hat Angela Merkel ein sehr gutes Gedächtnis dafür. Das umfasst nicht nur eine beeindruckende Menge von Sach-Details, sei es zu Energie-Effizienz, griechischer Strukturkrise oder Seltene Erden. Gespeichert sind auch die Namen der zwei Dutzend wichtigsten deutschen Journalisten und zwei weitere Dutzend Namen von jenen Kollegen, die sie regelmäßiger auf Reisen begleiten (Überschneidungen nicht ausgeschlossen). Die Kanzlerin scheut sich nicht zu loben. Das tut sie nicht platt oder gar anbiedernd, sondern auf Details des jeweiligen Textes zielend. Unterm Strich gibt es aber deutlich mehr Kritik, vor allem an jenen Artikeln und stets auch beim Namen genannten Autoren, die in ihren Augen billige Merkel-Stereotypen verwenden. Dazu zählt etwa der vielfach erhobene Vorwurf, in der Griechenland-/Eurokrise zu lange taktiert und an vielen, vielen Stellen erst Nein, später aber Ja gesagt zu haben.

Wieder einmal damit konfrontiert, rutschte Merkel bei einer großen Sommerpausen-Presskonferenz dieser kleine Satz heraus: »Ich hab das nur zur Sicherheit mal mitgebracht …« Nämlich einen Stapel von alten Zitaten bis zurück ins Frühjahr 2010, mit denen sie nachweisen wollte, dass sie schon immer für einen dauerhaften Europäischen Rettungsfonds für Schulden-Staaten gewesen sei (was nachweislich so nicht stimmt; Finanzminister Schäuble hatte der *FAZ*-Redaktion sogar eine Wette angeboten, dass die Schirme auslaufen würden). Aber da sich keiner der fragenden Journalisten in diesem Moment entsprechend munitioniert hatte, ging die Runde an Merkel. Ätsch, sie lächelte zufrieden.

Zu den billigen Medien-Stereotypen zählt nach Merkels Meinung auch der Vorwurf, sie riskiere politisch nie etwas, weil sie in ihrem Muster des »Vom-Ende-her-Denkens« gefesselt sei. Merkel habe nie »gegen das Volk« regiert und somit ein Führungs-Manko, lautet ein anderes Urteil. Das Faktische an dem Vorwurf wischt Merkel schnell beiseite, verweist auf die Rente mit 67, den Afghanistan-Einsatz, die Milliarden für südländische Euro-Pleite-Staaten und diverse Beschlüsse mehr, die gegen Volkes Mehrheitsmeinung in ihre Amtszeit gefallen seien. Was sie dennoch schwer wurmt, ist der Subtext, der heißt: Da wohnt eine mutlose, chronisch risikoscheue Frau im Kanzleramt. Diese Lesart nimmt sie den Journalisten, die ihr anhängen, ernsthaft übel – und liest trotzdem weiter fast jeden größeren Artikel der Kollegen, ob nun auf dem iPad, auf Zeitungspapier oder Online. Zu den Favoriten zählen dabei die *Süddeutsche Zeitung*, weil sie sich von dem eher links-liberalen Blatt am häufigsten überrascht fühlt, positiv wie negativ. *BILD* liest die Kanzlerin im Print wie online, weil sie es wegen der enormen Leser-Reichweite muss (oder glaubt zu müssen). Dasselbe gilt für den *Spiegel*. Das meiste liest sie nicht zu reservierten Zeiten am Tag, sondern wie ein Junkie zwischendurch: in den letzten Minuten, bevor ein Flieger abhebt etwa oder im Auto.

Insgesamt, denke ich, findet Angela Merkel Journalisten gar nicht so übel. Mit manchen mag sie ernsthaft diskutieren, viele betrachtet sie mit leicht hochgezogenen Augenbrauen, weil sie sich überlegen fühlt. Im Großen und Ganzen schließlich hält sie es wohl mit Willy Brandt: Der nannte den Journalismus seinerzeit einen »Randbereich der Holz verarbeitenden Industrie«.

Was möchte Angela Merkel über sich im Geschichtsbuch lesen?

Glauben Sie keinem Spitzenpolitiker, der in aller Bescheidenheit erzählt, ihm sei, was er hinterlasse, egal. Das ist Gerede, nicht bös' gemeint, aber wirklich Gerede. Wenn ein Politiker erst einmal davon ausgeht, dass sich spätere Generationen mit seiner Person und seinen Leistungen beschäftigen werden, dann hat er bald auch eine präzise Vorstellung davon, wie das Ergebnis bitte aussehen möge. Erst recht gilt das für einen Politiker, der qua Amt oder Karriere schon zu seiner aktiven Zeit sicher damit rechnen darf (oder muss), dass nach deren Ende eine Menge geschrieben wird. Jeder von ihnen denkt, Hand aufs Herz, über »seinen« Eintrag ins deutsche Geschichtsbuch nach.

Auch Angela Merkel.

So uneitel sie sonst ist, auch Angela Merkel weiß, dass es im Guten wie im Schlechten einen Nachruhm ihrer Amtszeit geben wird. Sie weiß: Ihr Porträt, gemalt von einem Künstler ihrer Wahl, wird in einigen Jahren links neben dem von Gerhard Schröder im ersten Stock des Kanzleramtes hängen, in der langen Reihe mit Adenauer, Erhard, Kiesinger, Brandt, Schmidt und Kohl. Und Angela Merkel wird in dieser Galerie nur bestehen, wenn sich mit ihrer Amtszeit irgendetwas Bleibendes unumstößlich verbindet: eine politische Leidenschaft, wie bei Brandt oder Kohl. Eine epochale Richtungsentscheidung wie bei Adenauer oder Erhard. Eine lange nachwirkende Reform wie bei Schröder oder eine besonders markante Art zu regieren wie bei Schmidt.

Wahr ist: Angela Merkel wusste lange nicht, was sie – ob Idee, Leidenschaft oder Reform – in diese Reihe wohl bringen könnte. Das hat sie nicht erkennbar nervös gemacht: Probleme, die noch ein bisschen warten können, tun das grundsätzlich nicht. Inzwischen aber weiß Angela Merkel, was ihre Idee sein könnte. Und jetzt, wo sie sie einmal gepackt hat, wird sie diese Idee nicht mehr loslassen.

Wohlgemerkt, Angela Merkel hat nach ihrem Eintrag ins Geschichtsbuch nicht aktiv gesucht. Sie ist nicht der Typ Politiker, der an jeder zweiten Straßenecke eine »Epochenwende« vermutet oder eine Jahrzehnte prägende Grundsatzentscheidung samt Mantelhauch der Geschichte. Angela Merkel blickt auf den größeren Teil der (west-)deutschen Nachkriegsgeschichte nach wie vor so nüchtern wie eine außenstehende Beobachterin. Und der wird schnell klar: Das meiste Große ist schon getan. Die Westbindung, Garant der inneren wie äußeren Freiheit, hat Konrad Adenauer fixiert; die Soziale Marktwirtschaft, Wohlstandsversprechen und gesellschaftlicher Zusammenhalt, »gehört« Ludwig Erhard. In Warschau hat Willy Brandt gekniet, die Ostpolitik, Aussöhnung mit den östlichen Nachbarn, ist unter dem Strich sein Werk. Für die deutsche Einheit schließlich und den Euro steht der Name Helmut Kohl.

Ganz nüchtern also: Was bleibt? Den Superlativ »erste Frau, erste Ostdeutsche« hat Angela Merkel natürlich sicher.

Aber das ist für sie nicht mehr als ein Zufall – der gerade für jemand so Kopfgesteuerten wie sie als »Leistung« nicht zählt. Oder ist die Zeit für große Einträge ins Geschichtsbuch eh' vorbei? Geht es heute »nur« noch darum, das Land unaufgeregt durch die ja immer hektischeren Krisen zu bringen, es ordentlich für den Wettbewerb mit den aufstrebenden Riesen-Reichen in Fernost aufzustellen, kurzum: so viel wie möglich vom Rang Deutschlands in der Welt in zeitgemäßer Form zu wahren? Man sieht sie förmlich mit den Achseln zucken, ja, so ein Gedanke könnte zu Angela Merkel passen. Typisch bodenständig, handfest, à la »Wer Visionen hat, soll zum Arzt gehen«.

Mit dem, der diesen Satz einst aus tiefstem Herzen gesagt hat, mit Helmut Schmidt, verbindet sie durch die Jahrzehnte womöglich die größte Kanzler-Ähnlichkeit. Zum Abschied in die Sommerpause 2011 sagte sie tatsächlich: »Ich bewege mich in der Ist-Zeit und löse Probleme und beschäftige mich nicht mit Nachruhm.« Das wiederum könnte genauso der Kanzler Schmidt gesagt haben, irgendwann in den späten 70er, ganz frühen 80er Jahren. Auch ihm wurde damals solides, gleichwohl blasses Regierungshandwerk, aber perfekt spurendes Krisenmanagement zugeschrieben. Und was für Schmidt die Nato-Nachrüstung war, nämlich der Moment zu stehen, das könnte für Merkel die Euro-Rettung werden. Der Moment, des »Koste es, was es wolle.«

Dabei sind ihr Pathos und große Reden eher fremd. Nur einmal habe ich Angela Merkel auf deutschem Boden, im Bundestag zumal, pathetisch reden hören. Einmal in acht Jahren. Das war am 22. April 2010, als sie eine Rede zu Afghanistan hielt. Sie trat von der Regierungsbank ans Pult und las als erstes sieben Namen vor. Die Namen von sieben Soldaten, die im afghanischen Einsatz Tage zuvor gefallen waren, der größte einzelne Verlust an deutschen Soldatenleben an einem Tag seit 1945. Und dann sagte Angela Merkel, die notorisch Nicht-Pathetische: »Wir können von den Soldaten nicht Tapferkeit verlangen, wenn uns selbst der Mut fehlt, uns zu dem zu bekennen, was wir hier beschließen. Wir müssen das Leid beim Namen nennen.« Stille im Saal. Was für einen Moment sie mit Worten erzeugt hatte, muss auch die Kanzlerin gespürt haben. Es passiert ja selten genug.

Mit Pathos und großen Reden wird sie den Weg ins Geschichtsbuch also erst gar nicht versuchen. Angela Merkel weiß selber: Am Pult im Plenum ist sie zumeist nur Durchschnitt. Bundespräsident Joachim Gauck hat allein in seiner Antrittsrede im Bundestag mehr Pathos-Momente produziert als Angela Merkel in allen Kanzler-Jahren zusammen. Bei ihr ist der Unterschied zwischen frei gehaltenen und abgelesenen Reden deutlich kleiner als bei vielen anderen Politikern.

Aber sie hat auch eine andere Auffassung von ihrer Rolle. Die heißt: nüchtern, akribisch und viel arbeiten, besser: werken. Das ist Kanzlersein, und das verträgt sich in ihren Augen nicht mit Pathos, mit Blut, Schweiß und Tränen. Mehr noch: Die Sehnsucht nach der einen großen Rede, nach dem einen großen Schlag, findet Angela Merkel nicht nur weltfremd und naiv, sondern »politisch regelrecht gefährlich«, wie sie einmal in einem längeren Gespräch über das Thema sagte. Warum? Weil es falsche Hoffnungen wecke, die zu enttäuschen es den Regierenden mit den Regierten noch schwieriger mache, als es ohnehin schon sei. Lieber das kleine Karo, das aber verlässlich – so denkt Merkel wirklich. Solche Klein-Lösungen genügen pathetischen Form-Ansprüchen nur selten. Im Gegenteil: Vorher Pathos macht hinterher das Vermarkten pragmatischer Beschlüsse noch schwieriger. Hinter dieser Überzeugung steckt bei Angela Merkel auch das, was sie an Politik in Wahrheit fasziniert, motiviert. Es ist nicht die eine Leidenschaft, das eine Thema. Was sie fesselt, sind die Verfahren, nicht die Festlegung. Der Prozess, nicht die Position. Ein frei gewähltes politisches Lebensthema hat sie also nicht, hat sie nie gehabt. Kurzum: Wer für den eigenen (Wunsch-)Eintrag ins Geschichtsbuch so viel absichtlich oder unabsichtlich ausschließt wie Angela Merkel – der muss warten, bis das Schicksal eingreift.

Wenn man um der erzählerischen Dramatik willen *den* Tag nennen wollte, an dem Angela Merkel den Deutschen zeigte, dass sie ihr Thema gefunden hat, ihren möglichen Eintrag ins Geschichtsbuch – es wäre der 14. November 2011, CDU-Parteitag in Leipzig. Die CDU-Chefin hält wie seit längerem üblich keine Partei-Rede, sondern eine Regierungs-Rede. Aber für die Partei, die gern mit Stolz auf die eigenen Vorväter blickt, lädt sie sie dieses Mal auch auf. Kommt von Adenauer über Erhard auf Kohl, zieht lange Linien und sagt schließlich: »Jede politische Generation hat ihre Herausforderung.« Ihre ist die Euro-Rettung. Die Bewahrung des zentralen Einigungs-Projektes der Europäer und zugleich den Beweis, dass die Europäer auch im 21. Jahrhundert in der Welt der ganz Großen mitspielen können. »Wir leben in einer Zeit epochaler Veränderungen«, sagt an diesem 14. November Merkel weiter. »Es ist Zeit für den Durchbruch zu einem neuen Europa.«

Und es wurde klar, das also möchte sie gern lesen: Angela Merkel, geboren 1954, drei Jahre vor den Römischen Verträgen, 35 Jahre zwangsweise Zaungast der europäischen Einigung; diese Angela Merkel hat Deutschland vollends nach Europa gebracht, weil Deutschland unter ihrer Führung Europa aus seiner bislang größten Krise gelotst hat. Sie hat Deutschland mit der größten innenpolitischen Reform ihrer achtjährigen Amtszeit, mit der 2009 im Grundgesetz verankerten »Schuldenbremse«, zum Modell für Europa gemacht. Und unter ihrer Führung entstand mit allen Risiken und Nebenwirkungen ein anderes Europa, eine echte europäische Innenpolitik, in der »griechische Sorgen niederländische Sorgen sind, in der spanische Sorgen auch deutsche Sorgen sind« (Merkel). Ein Epochenwechsel, aber auf der Strecke fühlte es sich zu keinem Moment an wie eine Revolution. Zuvorderst Angela Merkel hat dafür gesorgt, dass es Schritt um Schritt ging, immer erst unter maximalem Druck und nie unterlegt mit großen Entwürfen oder Visionen. Wenn man aber 2013, nach fünf Jahren Krise, zurückschaut auf die Europäische Union und die Euro-Zone zumal, dann hat sich an beiden so viel geändert wie sonst nur bei Revolutionen: Mit Rettungsfonds, Fiskalpakt und EZB-Politik ist das no-bail-out-Gebot der alten EU-Verträge abgelöst worden. Die Euro-Staaten sind offiziell weiterhin keine Transfer-Union und die Risiken national bezifferbar. Aber von der Strecke bis zu einer solchen umfassenden Schulden-Haftungsunion ist weit mehr als die Hälfte zurückgelegt. Deutschland ist in eine umstrittene, aber nicht bestrittene Führungsrolle hineingewachsen, wie sie noch nie ein Land in der EU innehatte.

Über jede einzelne, kleine Etappe auf dem Weg ist viel und heftig diskutiert worden. Über das große Ganze dieser in Summe epochalen Umwälzung freilich viel weniger. Das ist ganz nach Merkels Geschmack. Die Höhe des Einsatzes im Übrigen auch, der Fortbestand des Euro. Da war jemand angekommen bei seinem Projekt.

Gewiss, das hatte sich schon eine Zeitlang vor diesem 14. November 2011 angebahnt. Europa-Politik hat die Kanzlerin früh fasziniert, weil der »Brüsseler« Betrieb ihre Leidenschaft für komplexe, aber berechenbare Prozesse bedient. Weil es fast immer ums ganz Kleine und ganz Große zugleich geht; weil, wenn es gelingt, mit Spiegelstrichen gleichsam Geschichte geschrieben wird. Und weil Technokraten sich in Brüssel nicht schämen müssen, dass sie wie Technokraten Politik machen. Schon 2007, bei der Rettung des EU-Verfassungsprojektes ist die Kanzlerin deshalb in ihrem Element. Heimst partei- und länderübergreifend Lob für ihre Verhandlungen ein, führt die Europäische Union zum abgespeckten neuen »Lissaboner Vertrag«. Aber, wichtiger Punkt: Angela Merkel agiert in dieser Krise nach dem alten Muster der Kohl, Mitterrand, Gonzales und Juncker. Bis Mitte 2008 wird über Nebenprotokolle, Sonderwünsche und sonstige Kleinigkeiten verhandelt, um es allen recht zu machen, vor allem den »Kleinen« wie den Iren oder Tschechen. Der Langsamste bestimmt wie stets das Tempo des ganzen Konvois, und alle Vorgänger Merkels hatten sehr viel Geduld, das nachkriegsdeutsche Maß an Geduld. Die Verhandlungsvariante »Ja oder Nein«, »Friss oder stirb« ist auch für die damalige Kanzlerin der großen Koalition keine, mit der man es ernsthaft einmal versuchen könnte. Im Kreis ihrer Berater sagte Merkel damals, 2008, gemünzt auf die 27 EU-Mitgliedsstaaten: »26:1, das wäre eine völlig neue psychologische Situation.« Eine solche Spaltung dürfe gerade Deutschland niemals auf Dauer zulassen. Der Wandel hin zu einem unverhohlenen, mitunter sogar genervten deutschen Führungsanspruch zeichnet sich erst im Laufe des Jahres 2010 ab. Weg von der Kohl'schen Engelsgeduld mit allen und jedem, hin zur »Eisernen Kanzlerin« (wie *BILD* sie foto-montierte), die der Vorwurf von deutscher Dominanz in der Gemeinschaft nicht mehr groß einschüchtert. Als es um die Einbindung des Internationalen Währungsfonds in die Euro-Rettung geht, ist anfangs selbst ihr eigener Finanzminister gegen sie, von den übrigen Euro-Staaten ganz zu schweigen. Doch Merkels Haltung lautet sinngemäß: ›Ich stehe ziemlich allein in der EU. Aber das ist mir egal. Ich habe recht.‹ Der entscheidende Satz wird so zitiert: »Die anderen wissen: Ohne mich geht nichts.« Die anderen, das sind 26 andere EU- bzw. 16 andere Euro-Staaten. Alle, außer Deutschland. 2008 war 26:1 kaum denkbar, auch für den Fall, dass die Deutschen bei den 26 wären, also nicht isoliert. Jetzt ist 1:26, eine harte Spaltung, keine ernsthafte Katastrophe mehr – sogar auch dann nicht, wenn die Deutschen gegen den ganzen Rest stehen. »Wir sind in Europa, was die Amerikaner in der Welt sind«, so wurde Merkel von Teilnehmern vor nicht allzu langer Zeit aus einer größeren Runde zitiert. Und Führungsnationen werden nie geliebt. Die Verfechter harter Sparmaßnahmen heißen in Südeuropa nicht umsonst »Merkelisten«.

Was für ein Wandel, was für eine Verantwortung. Das sieht man sogar am anderen Ende der Welt so. Merkels Lieblings-Staatschef, der Inder Manmohan Sing, formulierte es beim G-20-Treffen Mitte 2012 so: »Es ist die größte Aufgabe Deutschlands, den Euro zusammenzuhalten.« Das also wird Merkels Mantra. Es ist die wichtigste einzelne Verschiebung der politischen Koordinaten in der Republik seit der Agenda 2010.

Dass ihr FDP-Außenminister und damaliger Vizekanzler Guido Westerwelle den Umbruch zunächst nicht wahrhaben will, ficht die Kanzlerin nicht an, genauso wenig übrigens wie Titel-Cover ausländischer Magazine oder Protestplakate bei Demonstrationen, die sie in Nazi-Uniform zeigen. Westerwelle sieht in der mitunter ruppigen Auseinandersetzung etwa um griechische Sparprogramme oder allzu üppige Urlaubsansprüche griechischer Beamter nicht neue europäische Innenpolitik, sondern einen Rückfall in üble, nationalistische Vor-Zeiten. Westerwelle deklinierte noch nach den Regeln Genschers und Kohls. Seine Chefin dagegen war einen Schritt weiter. Sie lässt den Ton spürbar verschärfen, bis ihr Abteilungsleiter Europa zur Jahreswende 2011/2012 halböffentlich, also mit dem Absender »Regierungskreise« gegen die Brüsseler EU-Kommission wettern darf und deren Versuche, die Euro-Krise mit einem Griff in die »typische Brüsseler Trickkiste« zu lösen. Solche Töne kannte man bis dahin nur von notorischen EU-Skeptikern.

Nicht ohne Grund monieren ihre Kritiker in der eigenen wie den anderen Parteien vor allem, dass sie die Euro-Krise zur nationalstaatlichen (Schulden-)Krise erklärt hat – und damit der Renationalisierung der Europa-Politik die Tür absichtsvoll geöffnet hat. Mit der Prämisse, die Probleme seien in den Nationalstaaten entstanden, von Griechenland bis Frankreich, habe Merkel alle weiteren Debatten an der supranationalen Ebene in Brüssel vorbei in den Kreis der nationalen Regierungschefs gelenkt – da, wo sie selber sitzt und führen kann. Das muss gerade altgedienten Profi-Europäern nicht schmecken, aber eine Alternative gab es nicht. Mehrere Hundert Milliarden Euro Steuergeld für die Euro-Rettung ließen sich nun einmal nicht von der Brüsseler EU-Kommission mobilisieren – und vor allem nicht legitimieren.

Anhaltend überhöht hat die Kanzlerin ihren Kurs mit dem Satz »Scheitert der Euro, scheitert Europa«. Über den gigantischen Anspruch dieses Satzes kann man sich ärgern, so wie man sich über Politiker ärgern muss, die ihre Politik »alternativlos« nennen. Und man kann es in der Sache zumindest theoretisch auch ganz anders sehen wie etwa Thilo Sarrazin in seinem Euro-Buch: Denn was immer Europa für jeden Einzelnen ist, es ist geografisch größer als die Euro-Zone und eine Idee weit über gemeinsames Geld hinaus. Aber worum es Merkel in Wahrheit geht (und woran Sarrazin vorbeiargumentiert) – das ist das deutsch-französische Verhältnis, das seit Jahrhunderten aus Europa entweder einen blutigen oder einen friedvollen Kontinent macht; einen, der gedeiht, oder einen, der leidet. Präzise muss der Satz Merkels also heißen: Scheitert der Euro, scheitert die deutsch-französische Freundschaft. Das könnte Helmut Kohl ganz genauso formuliert haben, der bundesdeutsche Groß-Meister für nachkriegs-historisch aufgeladene Politik. So gesehen war im Dezember 2012 der Friedens-Nobelpreis für die Europäische Union nur allzu folgerichtig, und gewiss »gehört« er auch Helmut Kohl zu einem guten Teil – aber seiner Nach-Nachfolgerin Angela Merkel ebenfalls. Freilich mit dem kardinalen Unterschied, dass Helmut Kohl zu seiner Zeit auf ein Frankreich als Partner in Augenhöhe zählen konnte, derweil Angela Merkel für das Jahr 2013 einräumen muss: Der Euro wird nur zu retten sein, wenn sich Frankreich rettet. Aus dem eigenen Reformstau; aus der Wirtschaftsfeindlichkeit der politischen und gesellschaftlichen Elite; aus den eigenen Selbstzweifeln, die so gar nicht zu einer »Grande Nation« passen wollen. Auf den neuen französischen Staatspräsidenten François Hollande hat sich Angela Merkel noch keinen rechten Reim gemacht. Sie weiß vorerst zweierlei: Dass sie jedem Land in Europa mehr oder minder freundlich die Leviten lesen kann – nur Frankreich nicht. Und zweitens, dass es gegen François Hollande nicht gehen wird, weil es auch für das stärkste Deutschland kein Europa und keinen Euro gegen Frankreich geben kann.

Zurück zum Anfang: Glauben Sie keinem Politiker, der nur der Gegenwart zu dienen vorgibt und auf den Nachruhm pfeife. Das ist nur Gerede. Das sind Schutzbehauptungen, weil das immerfort schizophrene Publikum natürlich in keinem Fall akzeptieren würde, sagte ein Politiker: »Für diese oder diese Leistung habe ich verdient, dass die deutsche Nachwelt meiner lobend gedenkt.« Offen wird man das also von ihr nicht hören, trotzdem: Angela Merkel hat ihr Feld für den Nachruhm. Sie muss es niemandem mehr streitig machen – und niemand kann es ihr noch streitig machen. In Berlin wie in Brüssel bei den EU-Gipfeln hat sie eine ganz klare Wahrnehmung der eigenen Rolle entwickelt, die in ihren eigenen, am Rande eines Gipfels hingeworfenen Worten schon wie die Rohfassung eines Eintrages im Geschichtsbuch klingt: »Ich muss mich irgendwie um alles kümmern. Macht doch sonst keiner.« Oder wie der renommierte Historiker Timothy Garton Ash auf einem der vielen Höhepunkte der griechischen Euro-Krise sagte: »Wir haben die einmalige Situation, dass die Weltgeschichte von Frau Merkel abhängt.«

Wie lange will sie eigentlich noch regieren?

Ihren 56. Geburtstag feierte Angela Merkel auf einer Dienstreise in China. Morgens an diesem 17. Juli 2010 sangen ihre wichtigsten Mitarbeiter vor der Hotelzimmertür ein Ständchen, dann brach der ganze Tross im Bus auf zu den riesigen Ausgrabungen der Terrakotta-Armee nahe Xian. Diesen Ausflug hatte sich die Kanzlerin gewünscht, und sie erfuhr dabei, dass sie im chinesischen Jahr des Pferdes geboren ist. Für Menschen dieses Jahrgangs 1954 unserer Zeitrechnung gilt in China, dass sie sehr beliebt sind, gut mit Geld umgehen können und ihr Leben langfristig planen. Mit einem Blick auf Angela Merkels politische Vita lässt sich sagen: Man hat schon größeren Quatsch in Glückskeksen gelesen. Und es spricht sehr viel dafür, dass Angela Merkel zumindest ihr Kanzler-Leben inzwischen ausgeplant hat: Wenn sie die nächste Bundestagswahl gewinnt, ist mit 60 Schluss, irgendwann im Jahr 2015.

An dieser Stelle will ich darauf hinweisen, dass dieses Buch (wie jedes andere auch) einen Redaktionsschluss hat. Das räumt man als Autor nur widerwillig ein – wer gibt schon gerne zu, nicht auf dem allerletzten Tagesstand zu sein? Für dieses Kapitel ist aber besonders wichtig zu wissen, dass es auf der aktuellen Lage des Frühjahrs 2013 fußt und selbst die plausibelsten Mutmaßungen von einer immer sprunghafteren Tagespolitik über den Haufen geworfen werden können. Meine Prognose, meine Wette ist Stand März 2013 diese: Auch nach der Bundestagswahl im Herbst wird die Kanzlerin Angela Merkel heißen. Aber eben nur noch bis Mitte 2015.

Dass die Wähler im Herbst 2013 Merkel als Kanzlerin noch einmal wollen, liegt durchaus nahe. Einfache Rechnung anhand der Umfragen: Wenn Union und Linkspartei (und falls doch noch im Bundestag vertreten: die Piraten) zusammen auf circa 48 Prozent der Stimmen kommen, ist keine denkbare Regierung ohne Union möglich, noch nicht einmal die aus vielen anderen Gründen höchst unwahrscheinliche »Ampel« von SPD, FDP, Grünen. Mit der Linkspartei (und/oder den Piraten) will die SPD nämlich nicht koalieren, und diese Absage ist 2013 ein letztes Mal glaubhaft. Heißt: Wenn nicht alle Umfragen täuschen, bleibt Angela Merkel Kanzlerin. Mit den Liberalen, wenn es dafür im Bundestag auch nur eine Stimme Mehrheit gibt. Mutmaßlich aber an der Spitze einer großen Koalition, weil es auch für Schwarz-Grün auf Bundesebene eine Wahl zu früh ist. Dann ist Merkel in ihrer letzten Geraden, freier Blick aufs Ende.

Ausstieg 2015 also? Zugegeben, dafür existiert kein gerichtsfester »Beweis«. Aber es gibt zahlreiche handfeste Hinweise und Plausibilitäten. Und es gibt bezeichnenderweise so gut wie keinen in der Regierungs- oder CDU/CSU-Spitze, der konkret befragt mit einem Nein antwortet und auf eine volle Amtszeit bis 2017 wetten will. Es war sehr überraschend zu hören, wie fast einhellig die 2015er-Prognose geteilt wird, wenn niemand fürchten muss, mit Namen zitiert zu werden. Alle meinen: So oder so ähnlich wird es kommen. Und alle wissen, dass das Thema »volle Amtszeit« im heraufziehenden Wahlkampf noch sehr heikel zu werden verspricht: SPD-Kandidat Peer Steinbrück wird zwar auch erklären müssen, ob er sich im Falle eines Wahlsieges von vornherein auf eine Amtszeit als Kanzler beschränkt oder 2017 mit dann über 70 Jahren eine zweite anstreben würde. Aber weil Angela Merkel mehr denn je der Dreh- und Angelpunkt des CDU-Wahlkampfes ist, stellt sich die Frage an sie deutlich schärfer: Macht sie nach einem Wahlsieg eine dritte Amtszeit wirklich voll? »Da kommt was auf uns zu«, sagte einer, quasi stellvertretend, aus der CDU-Spitze. Tatsächlich liegt ein solcher Ausstieg auf halber Strecke exakt auf jenen Linien, die sich schnurgerade durch Angela Merkels Jahre im Kanzleramt ziehen. Nein, wenn die Wähler 2013 noch einmal wollen, ist 2015 Schluss: nach einem Jahrzehnt Merkel. Sie wird dann freiwillig und geordnet an einen Nachfolger übergeben und ihrer Wege ziehen. Wahrscheinlich in die weite Welt, vielleicht in die Provinz. In grandiosen Fragereigen des *SZ-Magazins* wurde sie gefragt, an welchem Ort sie gern aufwachen würde, wenn sie es frei wählen dürfte. Antwort Merkel: »Zuhause in der Uckermark.«

Das strategische Ende, das große Manöver zum Berliner Ausstieg leitet sich, wie so oft bei Angela Merkel, aus einer Frage ab, die sich nach einer gewonnenen Wahl im Herbst 2013 stellen würde. Sie lautet: Kann ich noch einmal kandidieren? Antwort: Nein, für 2017 kann sich Angela Merkel keinen Wahlkampf als Spitzenkandidatin vorstellen. Und zwar aus mehreren Gründen.

Erstens: Auf eine neuerliche große Koalition folgt nach Merkels fester Überzeugung, wenn es nicht für eine kleine

Zweier-Koalition reicht, nicht eine weitere große Koalition, sondern ein Regierungsbündnis aus drei Parteien im Bundestag. Das ist entweder ein SPD-geführtes (Rot-Rot-Grün), weil die Sozialdemokraten irgendwann einmal ja doch ihren Boykott der Linkspartei aufgeben müssen. Oder es ist ein CDU-geführtes, dann aber nicht unter Angela Merkel. Ganz gleich, ob die Grünen sie jemals als Regierungschefin akzeptieren würden, sie selbst hält eine Jamaika-Koalition (Union, FDP, Grüne) für schlichtweg »die Hölle« – auch wenn es der politischen Landschaft nach einer weiteren großen Koalition mutmaßlich gut tun wird, eine frische Konstellation auszuprobieren, eben eine Dreier-Koalition. Für Angela Merkel jedoch gefährden solche Regierungsbündnisse den Markenkern der Großen, CDU wie SPD. Das macht sie nicht mit.

Zweitens: Angela Merkel hält zehn Jahre für die mehr oder minder maximale Stehzeit eines Regierungschefs, in den Bundesländern wie im Kanzleramt. Auch das hat sie mehrfach in kleinen Kreisen betont und deshalb besser als andere verstanden, warum Hamburgs Bürgermeister Ole von Beust und Hessens Ministerpräsident Roland Koch ihre Ämter niederlegten. Ganz wie Merkel es tun wird, hatten auch sie sich nach ihren (mühsam-knappen) Wahlsiegen die entscheidende Frage gestellt: Kann ich in vier Jahren noch einmal antreten? Beide kamen zu dem Schluss: Nein. So stiegen sie beizeiten aus und stießen bei der Kanzlerin auf Verständnis.

Drittens: Angela Merkel hat viel von Helmut Kohl gelernt. Auch, was man nicht von ihm kopieren sollte. Schon Mitte der 90er Jahre, so erzählen Teilnehmer von damals, konnte sie in Bonner Hintergrundgesprächen glasklar analysieren, wann und wie der CDU-Übervater den Bogen überspannt hatte. Demnach hätte Kohl schon 1994 besser daran getan, nicht mehr anzutreten – und auf gar keinen Fall hätte er 1998 noch einmal antreten dürfen.

Vor allem aber: Ein sauberer Abschied 2015 wäre ein Superlativ ganz nach Merkels Geschmack. Nämlich der erste Bundeskanzler zu sein, der freiwillig und frei ausscheidet, sein Amt abgibt oder besser: zurückgibt. Nicht unbedingt an den Wähler, so meint Angela Merkel. Aber an die Partei, die sie aufgestellt und gewählt hat. Einen selbstbewussten Rückzug aus freien Stücken, die Freiheit des selbst gewählten Abschieds – das ist seit 1949 in Deutschland weder den kleinen noch den großen Kanzlern geglückt. Alle verließen das Kanzleramt entweder als Wahlverlierer oder unschön verdrängt von den eigenen Leuten. Die Erste zu sein, die es anders hinkriegt, es wäre ein feiner letzter Triumph über alle maskuline Unersetzbarkeits-Allüren. Mehr noch: Aus freien Stücken auf freier Strecke auszusteigen, passt zur ganzen Politik-Anlage Angela Merkels, die ja wie beschrieben mehr auf den Prozess abstellt als auf ein fixiertes Ziel. In den Augen dieser Kanzlerin gibt es nichts, keinen Beschluss, keine Zahl, keinen Zustand, den sie als vollendeten Abschluss ihrer Arbeit ansehen würde. Es gibt zum Beispiel keine Ostverträge, die einmal geschlossen, eine Kanzlerschaft runden würden. Es gibt nichts wie das schon damals weithin sichtbare Ende des Kalten Krieges, das für Hans-Dietrich Genscher das Signal für den Rücktritt war. Schon gar nicht gibt es, übertragen in die heutige Zeit, die *once-and-for-all* Deutschland-Reform, die finale Euro-Rettung oder den letztgültigen Europa-Vertrag, jenseits derer getrost andere ans Ruder könnten. Und erst recht nicht gibt es den abschließenden Sieg der Politik in jenem Kampf, den die Kanzlerin für mindestens so wichtig hält wie alles Tagesgeschäft: den Kampf der Politik um die Gestaltungshoheit an sich. Gegen das wachsende Misstrauen und das grassierende Desinteresse der Bürger. Gegen das kurzfristige Profitinteresse und die Kurzzeit-Logik der Märkte. Gegen die Selbstlähmung der Demokratien, wenn sie international konzertiert agieren sollen. Sie fühle sich immer öfter als eine Kanzlerin, die wie kaum eine vor ihr um die Soziale Marktwirtschaft an sich kämpfen müsse und um die Gestaltungsmacht der Politik, sagt ein enger Mitarbeiter. »Aber sie findet, das ist eine schöne Aufgabe, weil sie so grundsätzlich ist.« Und weil sie in ihrer Grundsätzlichkeit nie endet, mithin niemals an eine Person allein gebunden sein könnte.

Kurzum: Es gibt für Angela Merkel im Großen wie im Kleinen nur den Prozess, den jeder Kanzler ein Stück begleiten kann. Den er durchaus prägen kann, wenn Glück und Geschick zusammenkommen. Aber ein Satz: »Ich bin noch nicht fertig, darum muss ich bleiben« – das würde quer zur politischen Lebenslogik der Angela Merkel stehen. Diese Haltung nimmt ihr den letzten Biss, den ein Regierungschef braucht, um ein großer zu werden, so sagen ihre Kritiker. Aber es macht in jedem Fall freier bei der Wahl des Moments zum Ausstieg.

Das gilt ebenso für ihre Partei. Merkel hat sich deren Modernisierung vorgenommen und sie ein großes Stück vorangetrieben. Machtbewusst war sie dabei, wohl wahr. Einer ihrer schönsten Sätze dazu lautet: »Als Chef muss man daran arbeiten, dass sich keiner traut, dabei erwischt zu werden, dass er nicht am selben Strang zieht.« Trotzdem gilt auch hier: Es gibt aus Merkels Sicht keinen Punkt, den man erreichen müsste, um von Erfolg und Abschluss reden zu können. Viel wichtiger wäre ihr, Kanzlerschaft und Parteiführung an eine und nicht zwei Personen übergeben zu können. Das hält sie für die einzig tragfähige Konstruktion, auch nach ihrer eigenen Zeit. Es sind die Parteien, die letztlich bestimmen, also die Parteichefs. Und das ist gut so, das muss so sein, denkt Angela Merkel.

Was würde der CDU dann fehlen? »Ich würde der CDU fehlen«, sagte Angela Merkel im Interview mit Hugo Müller-Vogg. Man schrieb 2003, da war sie gerade zwei Jahre Parteichefin, und die Kochs, Merz', Wulffs und Stoibers waren noch alle um sie herum. 2015 wäre sie im 15. Jahr, und sie hätte alle überlebt. Sie würde der CDU fehlen, wahrscheinlich. Aber würde die CDU auch ihr fehlen? Oder das Kanzleramt?

Was kommt am Tag danach für Angela Merkel? Die Fallhöhe ist klar, die Tiefe des Loches, in das sie stürzen könnte. Einer ihrer Vorgänger hat einmal gesagt: »Kanzler sein, das ist, wenn alles, was in der Republik passiert, mit dir zu tun hat.« Nicht mehr Kanzlerin zu sein, bedeutet also auszuhalten, dass fast nichts mehr, was in der Republik passiert, mit einem zu tun hat. Es ist schiere Spekulation, ob und wie sie damit klarkäme. Aber sicher könnte man mit diesem Tipp sein: Gerhard Schröder wird sie auch in diesem Punkt nicht nachahmen. Er ist und bleibt Merkels Gegenpol, erst recht in Stilfragen. Als solche nimmt sie wahr, was ein Kanzler nach Ende seiner Amtszeit tun darf – und was nicht, weil er dem Amt auch über das Ende hinaus Respekt schuldet. Einen halbseiden beleumundeten Job von Gnaden der russischen Staats-Oligarchie anzunehmen, käme ihr nicht in den Sinn. Es zu tun, um sich endlich sehr teure Zigarren und sehr teuren Rotwein zu leisten, schon gar nicht. Angela Merkel kann sehr lobend und voller Respekt von ihrem Vorgänger sprechen. Voller Verachtung aber auch.

Nein, wenn, dann sehen die Deutschen ihre dereinst gewesene Kanzlerin nach einer Pause für ausgedehente Reisen in einem öffentlichen internationalen (Ehren-)Amt wieder. Ruf und Rang, bei der EU oder UNO ein wichtiges zu ergattern, hätte sie – vorausgesetzt, sie bleibt 2013 Kanzlerin. Wahlverlierer wie der britische Premier Tony Blair werden, wenn überhaupt, nur glücklos-überflüssige Nahost-Sonderbeauftragte. Reizen würde sie an einem internationalen Posten vor allem die Mechanik, nicht so sehr die Macht. Wie es um den Einfluss der UNO bestellt ist, weiß sie sehr wohl und kann hart darüber spotten. Und dass die Europäische Union für ein weiteres Jahrzehnt überwiegend die Sache der Nationalstaaten bleiben wird, der Großen zumal, das weiß sie erst recht. Vor Jahren gefragt, ob sie nicht einmal EU-Kommissionschef sein wolle, zitierte sie Joschka Fischer. Der habe »zur Abwechslung einmal etwas Kluges gesagt. ›Erst wenn Merkel und Sarkozy sich um den Kommissionsvorsitz prügeln, ist Europa wirklich wichtig.‹« Sie aber werde nicht mehr erleben, dass sich amtierende Regierungschefs der großen Mitgliedsstaaten um den Posten in Brüssel raufen würden. So Merkels Prognose.

Dennoch: Reizen würde sie die Mechanik und das, ja, »Systemische«. Intellektuell macht ihr seit Jahren am meisten Freude, strategisch über die Systemkonkurrenz zwischen gelenkten und freien Volkswirtschaften bzw. Demokratien nachzudenken. Über die Frage, was aus den Sozialstaats-Demokratien in Europa wird, wenn das vordemokratische Modell

China wirtschaftlich siegt, weil es besser performt. Ob die Europäer dann zuerst ihren Sozialstaat oder ihre Demokratie zur Disposition stellen. Oder ob sie rechtzeitig ihren eigenen neuen Weg finden, so erfolgreich wie die beiden Jahrhunderte zuvor – und diese Entscheidung zwischen Wohlstand und Freiheit sich ersparen können.

Das Ausstiegs-Datum 2015 ist eine fundierte Prognose, so eng hergeleitet aus langjährigen Trends und Eigenschaften der Kanzlerin, dass im politischen Berlin eigentlich nur jene energisch zu widersprechen vorgeben, die das von Amts wegen wohl müssen. Die wegen des anstehenden Wahlkampfes keine Debatte um einen Merkel-Abschied 2015 gebrauchen können und darum darauf beharren, wie »selbstverständlich« die Kanzlerin eine »für ganze und nicht halbe Legislaturperioden« sei. Alle anderen, die sich aus verschiedenen Milieus, Branchen und Parteien (zuvorderst natürlich die CDU) in Ruhe zu dem Thema befragen lassen, schließen sich dagegen der Prognose an. Ja, sagen sie, so wird es 2015 wohl kommen.

Schon 1999, im Gespräch mit Herlinde Koelbl, sagte Angela Merkel: »Ich möchte irgendwann den richtigen Zeitpunkt für den Ausstieg aus der Politik finden. Das ist viel schwerer, als ich mir das früher immer vorgestellt habe. Aber ich will nicht ein halbtotes Wrack sein, wenn ich aus der Politik aussteige.« Das Bemerkenswerte ist nicht, dass sie den letzten Satz gesagt hat. Das haben schon ganz viele so oder so ähnlich getan. Das Bemerkenswerte daran ist, dass Angela Merkel, wenn es in ihrer Macht steht, sich an diesen Satz halten wird.

Abspann

Zum Schluss kommt der große Dank. Er geht an all jene Kollegen und Freunde, die mir beim Verfassen dieses Buches mit ihrer Hilfe, ihren Einsichten, Kenntnissen oder einfach mit einem guten Rat geholfen haben, oft viel mehr, als sie vielleicht ahnen. Sie hier alle namentlich zu nennen, würde zu weit führen – was die Schuld, in der ich stehe, ganz gewiss nicht mindern soll.

Nicht namentlich nennen, aber ihnen sehr danken, möchte ich den rund zwei Dutzend Gesprächspartnern aus Politik, Medien und Wirtschaft, die ihren ganz persönlichen Blick auf Angela Merkel mit mir geteilt haben. Mit ihnen durfte ich zentrale Thesen und Einschätzungen dieses Buches diskutieren, und es war jedes einzelne Mal eine große Bereicherung. Ihnen allen war strikte Diskretion zugesagt. Das gilt.

Ganz am Anfang hatte ich die Idee, das Buch könnte den Titel tragen: »Angela Merkel – 15 letzte Antworten«. Das hat man mir schnell ausgeredet (und zu Recht), aber auf ganz andere Weise komme ich jetzt doch noch darauf zurück: Mit dem Großteil meiner Gesprächspartner nämlich habe ich, meist am Ende des Gespräches, ein kleines Spiel gespielt. Sie sollten spontan auf diese Frage antworten: »Vorausgesetzt, Sie könnten Angela Merkel eine Frage stellen und Sie hätten die absolute Garantie, Sie bekämen eine ehrliche Antwort von ihr – welche Frage würden Sie stellen?« Sie sollten also jene Frage formulieren, von der sie sich »die letzte« Antwort versprechen, die letztgültige. Zugegeben, eine völlig fiktive Versuchsanordnung. Aber eine reizvolle, wie sich herausstellte.

Denn in ähnlicher Form wurde eine Frage mehrfach genannt, die überrascht. Unter anderen mehrere Spitzenpolitiker würden sinngemäß fragen: »Warum CDU?« Warum ist Angela Merkel damals in der Nachwende-Zeit der CDU beigetreten, nicht der SPD? Warum hat sie ihren Weg in der CDU machen wollen, nicht bei den Sozialdemokraten? Was immerhin impliziert, dass viele diese Frage auch nach bald acht Jahren Kanzlerschaft nicht befriedigend beantwortet sehen. Ob sie eigentlich »glücklich« sei an der Spitze der CDU, würden andere fragen. Dass ihr dagegen das Kanzleramt Freude macht, bezweifelte niemand – auch das ein Hinweis darauf, wie Angela Merkel in ihrer eigenen Umgebung und von anderen Polit-Profis wahrgenommen wird.

Nur ein einziger Gesprächspartner antwortete auf das kleine Spiel mit dem Satz: »Ich habe alle meine Fragen gestellt.« Was wohl so viel heißt – für ihn sind auch alle Antworten gegeben. Nun ja, nach Lektüre dieses Buches, so hoffe ich, gilt das für ganz viele.